Lebensversicherung zu Gunsten Dritter

insbesondere

der Interessenkonflikt zwischen dem Begünstigten und den Gläubigern des Versicherungsnehmers.

Von

Dr. jur. **Walter Schwarz.**

Berlin 1914.

J. Guttentag, Verlagsbuchhandlung,

G. m. b. H.

Inhaltsverzeichnis.

Literatur-Verzeichnis.

1. R. Bachmann, „Das Recht aus einem Vertrag zu Gunsten Dritter und seine Zurückweisung seitens des Dritten" (Ing.-Diss. Rostock 1906).
2. H. Bartetzko, „Die rechtliche Beurteilung des Lebensversicherungsvertrages zu Gunsten eines Dritten im Verhältnis zwischen dem Versicherungsnehmer und dem Dritten" (Ing.-Diss. 1906, Rostock).
3. Begründung zu den Entwürfen eines Gesetzes über die Versicherungsverträge; Reichstagsvorlage, Berlin 1906.
4. Behrend, „Lebensversicherung und Gläubiger, II, die Versicherung zu Gunsten der Erben" in Leipz. Zeitschr. f. Handels-, Konkurs- und Versicherungsrecht, Jahrg. 1 Nr. 12.
5. Berliner, „Die Lebensversicherung zu Gunsten Dritter" in Leipz. Zeitschr. f. Handels-, Konkurs- und Versicherungsrecht, Jahrg. 3 Nr. 2—5.
6. Brecher, L., „Die Interessenkonflikte bez. der Lebensversicherung" (1902 Wien).
7. F. Bretschneider, „Die Versprechung der Leistung an einen Dritten" (Ing.-Diss. Leipzig 1910).
8. H. Constam, „Die rechtliche Stellung der Gläubiger des Versicherten im Lebensversicherungsvertrage zu Gunsten Dritter" (Ing.-Diss. Zürich, 1909).
9. Cosack, Lehrbuch des Deutschen bürgerl. Rechts (1903).
10. Crome, System des bürgerl. Rechts.
11. E. Danz, Die Auslegung der Rechtsgeschäfte" (1911). — I. —.
12. „ „ „Lebensversicherung zu Gunsten der Erben" im „Recht" Jahrg. 9 (1905) Nr. 4. — II. —.
13. Dernburg, Das bürgerliche Recht, Bd. II, Abt. 1.
14. M. Dräger, „Haben bei der Lebensversicherung zu Gunsten eines Dritten die Nachlaßgläubiger einen Zugriff auf die Versicherungssumme" (Ing.-Diss. Greifswald, 1909).
15. Endemann, System des Handelsrechts, (IV. Auflage). — I. —.
16. „ Lehrbuch des bürgerlichen Rechts Bd. I. — II. —.
17. Enneccerus, Lehrbuch des bürgerlichen Rechts (6.—8. Aufl.).
18. V. Ehrenberg, „Wichtige Probleme des Lebensversicherungsrechtes. Insbesondere der Anspruch auf die Lebensversicherungssumme" in Iherings Jahrb. Bd. 41. — I. —.
19. V. Ehrenberg, „Die juristische Natur der Lebensversicherung" in Goldschmidts Zeitschr. f. d. gesamte Handelsrecht Bd. 32 und 34. — II. —.

20. V. Ehrenberg, Lehrbuch des Versicherungsrechts — III. —.
21. Eck, In Jherings Jahrbuch Bd. 35.
22. C. Ebmeyer, „Liegt bei der Lebensversicherung zu Gunsten eines Dritten eine Verfügung von Todeswegen oder eine Schenkung unter Lebenden vor?" (Jng.-Diss. Leipzig 1908).
23. E. Eckstein, „Zur Auslegung des § 331 BGB.; zugleich ein Beitrag zur Lehre v. d. Verträgen auf Leistung an einen Dritten, insbesondere Lebensversicherungsvertrag auf den Todesfall" in Gruchots Beiträgen zur Erläuterung des Deutschen Rechts, Jahrg. 55.
24. Emminghaus, „Der Anspruch der Ehefrau auf die Lebensversicherungssumme im Todesfall und im Nachlaßkonkurs" in Leipz. Zeitschr. f. Handels-, Konkurs- und Versicherungsrecht, Jahrg. 1, Nr. 1.
25. Emminghaus, „Die Lebensversicherung zu Gunsten Dritter. Schenkung?" In Leipz. Zeitschr. f. Handels-, Konkurs- und Versicherungsrecht, Jahrg. 3, Nr. 6.
26. L. Fuld, „Die Geltendmachung der Rechte des Versicherungsnehmers seitens der Versicherer" in Baumgartners Zeitschr. f. Versicherungsrecht u. Wissenschaft Bd. V.
27. Fick, „Der juristische Charakter des Lebensversicherungsvertrags" (Jng.-Diss. Zürich 1884).
28. Gerber, System des Deutschen Privatrechts, 13. Aufl.
29. Gerhard-Hagen, Kommentar zum Versicherungsvertrag, 1908.
30. R. Georgi, „Verträge zu Gunsten Dritter" (Jng.-Diss. Tübingen 1900).
31. Gerkrath, „Die Sicherstellung der Familie" in Heft II der Veröffentlichungen d. deutsch. Versicherungswissenschaft, 1904.
32. Gießler, Beiträge zum Rechte der Versicherung auf den Todesfall (Jng.-Diss. Göttingen 1891).
33. P. Geister, „Liegt bei der Lebensversicherung zu Gunsten Dritter eine Verfügung von Todeswegen oder eine Schenkung unter Lebenden vor?" (Jng.-Diss. Greifswald, 1905).
34. H. Gugel, Gesetz über den Versicherungsvertrag.
35. Goldmann u. Lilienthal, Das Bürgerliche Gesetzbuch (1903).
36. Gengler, Lehrbuch des Deutschen Privatrechts.
37. Hager u. Bruck, Versicherungsvertrag (1910). 3. Aufl. 1913.
38. Heck, „Die Lebensversicherung zu Gunsten Dritter eine Schenkung auf den Todesfall" (1890).
39. H. F. Hengehold, „Die Lebensversicherung zu Gunsten Dritter nach bürgerlichem Recht" (Jng.-Diss. Leipzig, 1903).
40. Hinrichs, „Die Lebensversicherung" in Goldschmidts Zeitschr. f. Handelsrecht Bd. 20.
41. G. Hülse, „Zur Lehre v. d. Versicherung zu Gunsten eines Dritten" in Baumgartners Zeitschr. f. Versicherungsrecht u. Wissenschaft Bd. V.
42. Hellwig, „Die Verträge auf Leistung an Dritte".
43. Hecker, „Zur Lehre von der rechtlichen Natur der Versicherungsverträge" (Jng.-Diss. 1892).
44. E. Jaeger, Kommentar zur Konkursordnung (1907).

45. E. Josef, Das Reichsgesetz über den Versicherungsvertrag (1908).
46. J. Kohler, Urheber-, Patent-, Zeichenrecht; Versicherungsrecht und Rechtsverfolgung in Dernburg, das bürgerliche Recht. Bd. 6 (1910).
47. H. König, „Die vermögenswerten Rechte a. d. Lebensversicherungsvertrag" in der Zeitschr. f. d. ges. Versicherungswissenschaft Bd. VI, Heft 3 — I. —.
48. H. König, „Die Anfechtungsklage und die Lebensversicherungsverträge zu Gunsten Dritter" in der Zeitschr. des bernischen Juristenvereins Bd. 42, 3. u. 5. Heft — II. —.
49. Kufahl u. Sauer, Gesetz über den Versicherungsvertrag.
50. Köhne, In Buschs Archiv Bd. 46.
51. Lindner u. Fell, Reichsgesetz über den Versicherungsvertrag.
52. Lewis, Lehrbuch des Versicherungsrechts (1889, Stuttgart).
53. Leipziger Zeitschrift für Handels-, Konkurs- und Versicherungsrecht.
54. R. Meier, „Das Versicherungsvertragsrecht" (1911).
55. Motive zum Bürgerlichen Gesetzbuch Bd. II.
56. Müller, Lebensversicherungsvertrag und Gläubiger" in Masius' Rundschau, Jahrg. 20, Heft 6.
57. Masius' Rundschau, Blätter für Versicherungswissenschaft, Versicherungsrecht und bemerkenswerte Vorgänge im Versicherungswesen (1912, Heft 8: die deutsche Lebensversicherung im Jahre 1911).
58. Malß, In Zeitschr. f. Versicherungswesen Bd. II.
59. Meyn, Im „Recht" Jahrg. 1908.
60. F. Ostertag, „Die Versicherungsverträge zu Gunsten Dritter" in d. Zeitschr. f. schweiz. Recht Bd. 11.
61. Oertmann, Recht der Schuldverhältnisse II. Buch.
62. Planck, Das Bürgerliche Gesetzbuch (1907).
63. Protokolle zum Bürgerlichen Gesetzbuch.
64. Petersen-Kleinfeller, Konkursordnung für das Deutsche Reich.
65. Predöhl, „Begriff und Wesen der Lebensversicherungsverträge" in Goldschmidts Zeitschr. f. d. ges. Handelsrecht Bd. 22.
66. G. Ramin, „Das Verhältnis der Versicherung des eigenen Lebens zu fremdem Gunsten zu den unentgeltlichen Zuwendungen" (Ing.-Diss. Würzburg 1902).
67. Entscheidungen des Reichsgerichts in Zivilsachen (RG.).
68. Kommentar der Reichsgerichtsräte.
69. Rehbein, Kommentar zum BGB. Bd. II.
70. A. Rüdiger, „Die Rechtslehre vom Lebensversicherungsvertrag" (1885).
71. Reuling, In Goldschmidts Zeitschr. f. d. ges. Handelsrecht Bd. 15.
72. Reuscher, „Die rechtliche Natur der Vorgänge über die Versicherung des eigenen Lebens".
73. Satzungen der Gothaer Lebensversicherungsbank (1910).
74. Suyling, „Das Bezugsrecht und der Interessenkonflikt zwischen Begünstigtem und Dritten" in Baumgartners Zeitschr. f. Versicherungsrecht u. Wissenschaft Bd. IV.
75. Staudinger, Kommentar zum BGB. 7./8. Aufl. 1912 Bd. II.

76. K. Schneider, Gesetz über den Versicherungsvertrag.
77. Schollmeyer, Bürgerliches Gesetzbuch.
78. Statuten verschiedener Versicherungsgesellschaften.
79. Stobbe, Handbuch des Deutschen Privatrechts (1898).
80. Scherer, „Unterliegt die Lebensversicherungssumme dem Zugriff der Gläubiger?" In Iherings Jahrb. f. Dogm. Bd. 20.
81. Jul. Staudinger, „Die Rechtslehre vom Lebensversicherungsvertrag" (1858).
82. H. Stahl, „Der Vertrag zu Gunsten Dritter nach dem BGB. (Ing.-Diss. Bonn 1899).
83. A. Stahl, „Wie gestaltet sich bei der Versicherung des eigenen Lebens auf den Todesfall zu Gunsten eines Dritten nach dem BGB. die Berechtigung des Dritten?" (Ing.-Diss. Freiburg i. B. 1900).
84. G. Stübler, „Die Lebensversicherung zu Gunsten Dritter" (Ing.-Diss. Tübingen 1906).
85. H. Termeer, „Die Verträge zu Gunsten Dritter von Todeswegen" (Ing.-Diss. Erlangen 1907).
86. Thöl, Handelsrecht (Leipzig 1879).
87. Unger, „Die Verträge zu Gunsten Dritter" (In Iherings Jahrbüchern Bd. 10.
88. Graf H. Vitztum v. Eckstedt (Berlin), „Der Lebensversicherungsvertrag und der Konkurs des Versicherten" in der Zeitschr. f. ges. Versicherungswissenschaft Bd. IV Heft 3.
89. Verhandlungen des Deutschen Juristentages (1882) Bd. I.
90. Vivante, „Allgemeine Theorie des Versicherungsvertrages" in Goldschmidts Zeitschr. f. d. ges. Handelsrecht Bd. 39.
91. Wilmowski, Deutsche Reichskonkursordnung.
92. Zehnter, Reichsgesetz über den Versicherungsvertrag.
93. Zeitschrift für Versicherungsrecht und Wissenschaft, herausgegeben von Baumgartner.
94. Zeitschrift für die gesamte Versicherungswissenschaft.
95. Zeitschrift für das gesamte Handelsrecht, herausgegeben von Goldschmidt.
96. Zeller, „Die Lebensversicherung zu Gunsten Dritter" in der Zeitschr. f. Versicherungsrecht u. Wissenschaft, Jahrg. 1896.

Wohl eine der größten Sorgen jedes Familienvaters ist die Sorge um die Zukunft seiner Familie nach seinem Tode. Werden die nötigsten Mittel vorhanden sein, wenn er plötzlich stirbt, um die Familie vor Armut, Not und Elend zu schützen?

Ihm diese Sorge abzunehmen oder doch mindestens zu erleichtern, ist der ursprünglichste und sozial wichtigste Zweck der Lebensversicherung zu Gunsten Dritter. Sie gibt ihm die Gewißheit, daß bei seinem Tode eine Summe vorhanden ist, welche den von ihm Bedachten über die schwierigsten finanziellen Sorgen hinweghilft.

Soll dies Ziel erreicht werden, so darf natürlich nichts vorhanden sein, was die Inbesitznahme der Versicherungssumme beeinträchtigen könnte. Hinterläßt der Verstorbene geordnete Vermögensverhältnisse, so steht ja wohl kaum ein Hindernis entgegen. Wie aber, wenn der Nachlaß überschuldet ist und sich die Nachlaßgläubiger melden? Sie werden natürlich sofort Anspruch auf die Versicherungssumme erheben. Wem soll diese nun zufallen? Auf der einen Seite will es herzlos erscheinen, die an und für sich schon traurige Lage der Hinterbliebenen durch Entziehung der Versicherungssumme noch zu verschlimmern. Andererseits erscheint es ungerecht, den Gläubigern ein geeignetes Befriedigungsobjekt, vielleicht das einzigste, zu entziehen.

Wir stehen vor einem schwierigen Interessenkonflikt. Beide Interessensphären haben, jede für sich betrachtet, ihre volle Berechtigung. Es dürfte von nicht geringer Bedeutung sein, zu untersuchen, wie unser heutiges modernes Recht diesen Konflikt löst und ob diese Lösung Befriedigung hervorruft oder nicht.

In Anbetracht der uns gesteckten Aufgabe werden wir uns im folgenden nur mit der Lebensversicherung auf den eigenen Todesfall zu Gunsten Dritter beschäftigen. Zum besseren Verständnis werden wir jedoch zunächst kurz auf die geschichtliche Entwickelung der Lebensversicherungsverträge überhaupt eingehen, und ihre verschiedenen Arten und ihr Wesen einer näheren Betrachtung unterziehen.

1. Abschnitt.

§ 1.

Das Institut der Lebensversicherung hat seine Wiege in England. Hier wurde bereits 1706 die erste Lebensversicherungsgesellschaft unter dem Namen „Amicable-Societät für ein perpetuierliches Versicherungsamt" gegründet, ein Unternehmen, welches natürlich noch sehr unvollkommen war. Beachtenswerter war die im Jahre 1762 ins Leben gerufene „Equitable-Society" in London[1]).

Von England kam die Lebensversicherung zu uns. Im Jahre 1806 wurde in Hamburg eine Lebensversicherungsgesellschaft gegründet, welche aber bald wieder aufgelöst wurde. In den Jahren 1826/27 machte dann Arnoldi in Gotha den Versuch, eine Lebensversicherungsgesellschaft zu gründen, der auch tatsächlich Erfolg hatte. Er führte nämlich zur Gründung der berühmten und heute in höchster Blüte stehenden Gothaer Lebensversicherungsbank, die am 1. Januar 1829 ihre Geschäfte eröffnete.

Nach und nach gewann das Institut der Lebensversicherung immer mehr Anhänger und drang in alle Volkskreise und Gesellschaftsschichten ein, bis es schließlich zu der heutigen hohen Blüte und wirtschaftlichen Bedeutung gelangte. Einige Ziffern mögen hiervon Zeugnis geben. Am 22. Januar 1906 gab der Staatssekretär des Reichsjustizamtes, Exzellenz von Nieberding, in einer Reichstagsrede die Höhe der Prämienbeiträge für die Lebensversicherung auf rund 406 Millionen jährlich an. Im Jahre 1911 betrug die Höhe bereits 628 331 670 Mk.[1]).

Der immer stärker und schneller werdenden Entwickelung der Lebensversicherung[2]) ist die Gesetzgebung nur zögernd und langsam gefolgt. Für das deutsche Rechtsgebiet kamen bis in die neueste Zeit die dürftigen Bestimmungen des preußischen allgemeinen Land-

---

[1]) Vergl. hierzu Kohler a. a. O. S. 359.

[2]) Vergl. „Die deutsche Lebensversicherung im Jahre 1911 aus Masius' Rundschau", Heft 8, 1912.

rechts in Betracht. (Teil II, Titel 8, §§ 1934—2358). Auch außerhalb Deutschlands waren diese Bestimmungen maßgebend. Im übrigen fanden sich nur noch im holländischen Gesetzbuch (Buch I, Titel 9/10, Buch II, Titel 9/10), in dem privatrechtlichen Gesetzbuch für den Kanton Zürich vom Jahre 1855 (§§ 1704—1740) und in dem code de commerce für das Königreich Belgien von 1874 (Titel X und XI des 1. Buches) Bestimmungen über die Lebensversicherung vor. Allmählich erst rang sich die Überzeugung durch, daß eine gesetzliche Regelung unbedingt notwendig sei. Man hatte deshalb auch in dem preußischen und württembergischen Entwurf zum Handelsgesetzbuch Bestimmungen über die Lebensversicherungsverträge vorgesehen, diese aber dann bei der Beratung des allgemeinen deutschen Handelsgesetzbuches wieder gestrichen, da man eine allgemeine gesetzliche Regelung noch für verfrüht hielt.

Immer lauter und dringender wurden aber die Klagen über das Fehlen einer gesetzlichen Regelung des Versicherungswesens. So erklärte 1875 der 16. Kongreß deutscher Volkswirte auf seiner Münchener Tagung,

> daß es dringend geboten sei, daß das gesamte Versicherungswesen im Deutschen Reich demnächst durch Reichsgesetz einheitlich geregelt werde.

Ähnlich lauteten die Beschlüsse des Vereins deutscher Lebensversicherungsgesellschaften.

Die Folge davon war, daß man sich von nun ab in den leitenden Kreisen intensiver mit dem Versicherungswesen beschäftigte. Leider wurde aber immer nur die verwaltungsrechtliche Seite behandelt, die privatrechtliche blieb in den letzten 25 Jahren des 19. Jahrhunderts im wesentlichen unbeachtet.

§ 2.

Vielfach nahm man nun an, daß das Versicherungswesen im allgemeinen bürgerlichen Gesetzbuch geregelt würde. Der Entwurf zum bürgerlichen Gesetzbuch ging auch von der Voraussetzung aus, daß im Zusammenhang mit der Einführung des bürgerlichen Gesetzbuchs und gleichzeitig mit der Revision des Handelsgesetzbuches eine reichsgesetzliche Regelung des Versicherungswesens stattfinden werde; er hat aber gleich von vornherein mit der Schaffung eines besonderen Reichsversicherungsgesetzes gerechnet. Die schwierige

Materie wurde daher liegen gelassen, und im Art. 75 des Einführungsgesetzes zum bürgerlichen Gesetzbuch die Regelung der Landesgesetzgebung überlassen. Nur einige vereinzelte wichtige Fragen sind schon damals zur Entscheidung gekommen, wie sie sich gerade im Zusammenhang mit den übrigen Materien ergaben; so wurde unter anderm auch die Bestimmung des § 330 über die Lebensversicherung zu Gunsten Dritter geschaffen.

Erst das 20. Jahrhundert brachte den so lange versprochenen und ersehnten Entwurf eines Gesetzes über den Versicherungsvertrag, nachdem schon vorher die verwaltungsrechtliche Seite durch das Reichsgesetz vom 12. Mai 1901 geregelt war.

Allerdings sollte es noch eine Reihe von Jahren dauern, bis der Entwurf sich zum Gesetz auswuchs. Der erste Entwurf wurde 1903 eingebracht. Das Gesetz selbst gelangte aber erst am 30. Mai 1908 zur Annahme.

§ 3.

„Bei dem Mangel einschlägiger Gesetzesvorschriften waren Rechtswissenschaft und Rechtsprechung darauf angewiesen, die leitenden Rechtssätze für den Versicherungsvertrag aus dem Wesen und dem wirtschaftlichen Zwecke der Versicherung zu entwickeln und hierbei namentlich die einer erweiterten Anwendung zugänglichen Vorschriften des Handelsgesetzbuches über die Seeversicherung sowie die allgemeinen Versicherungsbedingungen der Versicherungsunternehmungen zu verwerten“[1]).

Daß sich bei diesen Verhältnissen sehr viele Meinungsverschiedenheiten ergaben und eine große Anzahl von Kontroversen entstanden, liegt auf der Hand. Das Gebiet der Lebensversicherungsverträge ist daher schon immer ein „Tummel- und Kampfplatz“ der Juristen gewesen.

§ 4.

Die Lebensversicherungsverträge erscheinen, den verschiedenen Bedürfnissen des Lebens Rechnung tragend, in den mannigfaltigsten Arten.

---

[1]) Gerhard Hagen a. a. O. S. XXIV.

Vereinbaren die Parteien, daß die Lebensversicherungssumme nach dem Tode des Versicherungsnehmers ausgezahlt werden soll, so haben wir es mit einer Lebensversicherung auf den eigenen Tod zu tun. Meist wird in diesem Falle immer eine bestimmte Person bezeichnet sein, an welche die Summe gezahlt werden soll. Dies ist dann der typische Fall eines Lebensversicherungsvertrages auf den eigenen Tod zu Gunsten eines Dritten[1]).

Geht die Vereinbarung der Parteien dahin, daß die Leistung des Versicherers beim Eintritt eines bestimmten Alters des Versicherungsnehmers geschehen soll, so liegt eine Lebensversicherung auf das eigene Leben vor. Der Zweck dieser Lebensversicherung seitens des Versicherungsnehmers geht dahin, für eine Zeit, in welcher er nicht mehr so arbeits- und erwerbsfähig ist, eine bestimmte Summe sicher gestellt zu sehen. In diesem Falle wird deshalb die Bezeichnung eines begünstigten Dritten sehr selten sein.

Beide Arten von Versicherungen können nun miteinander verbunden werden, d. h. der Versicherer muß die Summe entweder beim Eintritt des bestimmten Alters des Versicherungsnehmers zahlen oder, wenn dieser vorher stirbt, bei seinem Tode. Diese Art nennt man abgekürzte oder gemischte Lebensversicherung[2]).

Die Lebensversicherung braucht nun nicht auf das eigene Leben oder den eigenen Tod abgeschlossen zu sein; sie kann auch auf fremdes Leben[3]) oder fremden Tod[4]) gehen. Man spricht dann von einem Lebensversicherungsvertrag auf fremdes Leben oder von einem solchen auf fremden Tod. Auch hier können wieder je nach den Umständen bestimmte Dritte bezeichnet sein, denen die Lebensversicherungssumme zufließen soll.

---

[1]) Vergl. aber auch S. 10 f.

[2]) Nicht zu verwechseln ist hiermit die sogenannte kurze Lebensversicherung. Sie ist nur auf ein oder einige Jahre, und zwar so geschlossen, daß die Gesellschaft nicht zu zahlen hat, wenn der Versicherungsnehmer nicht innerhalb dieser Zeit stirbt.

[3]) Aussteuerversicherung; Militärversicherung.

[4]) Beispiel: Ein Vater läßt seinen Sohn die juristische Laufbahn ergreifen. Dies kostet erfahrungsgemäß viel Geld. Um nun beim plötzlichen Tode des Sohnes neben dem herben Verlust, der ihn dadurch schon an und für sich trifft, nicht auch noch materiellen Schaden zu haben, nimmt der Vater eine Lebensversicherung auf den Tod seines Sohnes.

Von den genannten Arten sind die bei weitem wichtigsten und volkstümlichsten die Lebensversicherung auf den eigenen Tod zu Gunsten Dritter und die abgekürzte oder gemischte Lebensversicherung. Da bei der letzteren, wie schon gesagt, die Bezeichnung eines Dritten fast nie vorkommt, so scheidet sie für unsere Abhandlung aus. Wir beschäftigen uns nur mit der Lebensversicherung auf den eigenen Tod, und zwar zunächst allgemein, dann als Vertrag zu Gunsten Dritter[1]).

§ 5.

Ein Lebensversicherungsvertrag auf den eigenen Tod ist ein Vertrag, nach welchem sich die eine Partei, der Versicherer, verpflichtet, gegen Entrichtung eines einmaligen Betrages (Kapitalsprämie, Mise) oder jährlicher Beträge (Jahresprämie) nach dem Tode der andern Partei, des Versicherungsnehmers, eine bestimmte Summe auszuzahlen.

Der Grund, weshalb der Versicherungsnehmer einen derartigen Vertrag abschließt, ist folgender: Er befürchtet, infolge frühzeitigen Todes nicht imstande zu sein, bis zu seinem Tode ein gewisses Kapital zusammensparen zu können. Er verpflichtet deshalb durch Zahlung der Prämie den Versicherer, das gewünschte Kapital für den Fall seines Todes bereit zu halten, gleichgültig, wann dieser eintritt, und gleichgültig, ob der Versicherungsnehmer eine der auszuzahlenden Kapitalsumme gleichkommende Prämiensumme gezahlt hat oder nicht. Der Versicherer übernimmt hierdurch ein Risiko. Je später der Tod des Versicherungsnehmers eintritt, umso besser für den Versicherer, denn dann rückt die Prämiensumme mit Zins und Zinseszinsen mit der auszuzahlenden Kapitalsumme immer näher zusammen, ja übersteigt diese. Je früher der Versicherungsnehmer stirbt, umso ungünstiger für den Versicherer, denn dann riskiert er,

---

[1]) Aus dem Vorstehenden ergibt sich, daß wir es bei jeder Lebensversicherung mit drei Personen zu tun haben, mit dem Versicherer, dem Versicherungsnehmer und dem Versicherten. Bei der Lebensversicherung auf den eigenen Tod oder das eigene Leben fallen Versicherungsnehmer und Versicherter in einer Person zusammen. Bei gewissen Versicherungsarten, tritt dann noch eine 4. Person hinzu, der Begünstigte, d. h. derjenige, dem die Versicherungssumme zufließen soll.

mehr auszahlen zu müssen, als er an Prämienzahlung nebst Zins und Zinseszinsen erhalten hat.

Hierin liegt auch der große Unterschied zwischen der Lebensversicherung und den übrigen Versicherungsarten, wie z. B. der Feuer- oder Hagelversicherung. Während bei den letzteren der Versicherer nur dann zu zahlen hat, wenn der Versicherungsfall eintritt, dagegen von der Zahlung frei ist, wenn der Versicherungsfall nicht eintritt, so muß der Versicherer bei der Lebensversicherung, so lange der Vertrag nicht aufgelöst ist, stets zahlen, denn der Tod des Versicherungsnehmers tritt auf alle Fälle ein. Es haben sich deshalb Stimmen erhoben, welche die Lebensversicherungsverträge überhaupt nicht als echte Versicherungsverträge anerkennen wollen. Lange Zeit hat hier eine umfangreiche Kontroverse bestanden. „Es gibt wohl keinen Vertrag, bei welchem die Erforschung seiner rechtlichen Natur so tiefgehende Meinungsverschiedenheiten zu Tage gefördert hat wie der Lebensversicherungsvertrag“ [1]).

Es seien hier nur die wichtigsten Theorien genannt [2]):

Die einen sprechen der Lebensversicherung den Charakter einer echten Versicherung überhaupt völlig ab und erblicken in ihr einen einheitlichen Sparkassen- resp. Darlehensvertrag [3]).

Die andern halten auch bei der Lebensversicherung an dem allgemeinen Versicherungsbegriffe fest und stellen sie der Schadenversicherung an die Seite [4]), oder kommen doch durch Konstruktion der Lebensversicherung als Summenversicherung zum Ergebnis einer Assekuranz [5]).

Eine Mittelmeinung endlich sieht in der Lebensversicherung eine Verbindung von eigentlicher Versicherung und Sparkassen-

---

1) Rüdiger a. a. O. S. 38.

2) Vergl. Hengeholb a. a. O. S. 1 und 2.

3) Hinrichs, Die Lebensversicherung in G. Z. f. H. R. XX. S. 339 f.; Thöl, Handelsrecht Bd. I § 310; Stobbe, Handbuch d. d. P. R.; Elster, Gutachten, 16. Deutscher Juristentag Bd. I S. 207.

4) Staudinger a. a. O., Gerber a. a. O. § 202, Gengler a. a. O. S. 699. f.

5) Endemann, a. a. O. S. 727, 747 f. Ehrenberg, III a. a. O. S. 59; Hecker, a. a. O.

vertrag und gelangt so zur Doppelnatur des Lebensversicherungsvertrages[1]).

Durch Aufnahme der Bestimmungen über Lebensversicherungsverträge in das neue Versicherungsvertragsgesetz sind diese als echte Versicherungsverträge anerkannt und der Streit hat daher nur noch eine geschichtliche Bedeutung.

Aus der Risikoübernahme des Versicherers ergibt sich, daß er, wenn er keinen Verlust erleiden will, ja aus den Versicherungen noch die Verwaltungskosten bestreiten und Gewinn ziehen will, seinen Betrieb so einrichten muß, daß die Summe der von den einzelnen Versicherungsnehmern eingezahlten Prämien mit Zins und Zinseszinsen die auszuzahlende Gesamtsumme übersteigt. „Er muß sich von dem Versicherungsnehmer nicht nur so viel einzahlen lassen, um den Angehörigen der vorzeitig Absterbenden, die noch nicht viel an Prämien entrichtet haben, doch die volle vereinbarte Versicherungssumme auszahlen zu können, sondern er erhält in den Prämien nebst deren Zinsen und Zinseszinsen von dem gesamten Versicherungsstock noch ein Plus, nämlich soviel, um auch den Angehörigen der Längstlebenden bei deren Tode ebenfalls die volle Versicherungssumme auszahlen zu können: dieses Plus ist also reines Sparkapital, nicht eigentliche Assekuranzprämie, es muß daher alljährlich zurückgelegt und sicher angelegt, es muß für den Versicherungsstock r e s e r v i e r t werden: man nennt es deshalb Prämienreserve"[2]).

Die Bestimmung der richtigen Höhe des einzelnen Prämienbetrages erlangt der Versicherer mit Hülfe der sogenannten Mortalitätstabellen. „Diese sind statistische Zusammenstellungen, die anzeigen, in welcher Weise gesunde Menschen eines gewissen Alters unter normalen Verhältnissen absterben. Aus diesen Tabellen kann der Versicherer fast genau ersehen, wann und wieviel er an Versicherungssummen zu zahlen hat, und er kann danach die Prämien, die er

---

1) Rüdiger, a. a. O. Ehrenberg II a. a. O. Predöhl, a. a. O. Malß, Z. f. V. Bd. II, und 16. Deutscher Juristentag Bd. I S. 142, Fick. a. a. O.; Reuling, Studien aus dem Gebiete des Versicherungsrechts G. Z. f. H. R. Bd. XV.

2) Ehrenberg I a. a. O. S. 343.

von den Einzelnen verlangen muß, berechnen"[1]). Dabei nimmt der Versicherer an, daß mit der Erreichung eines bestimmten hohen Alters, meistens das 90. oder 95. Jahr, der letzte Versicherte der bestimmten Kategorie, „des Versicherungsstockes", gestorben ist, daß also dann die letzte Prämie entrichtet und die letzte Versicherungssumme gezahlt ist[2]). Auf Grund dieser Berechnungen setzt er in seinen Statuten die Voraussetzungen und Bedingungen fest, unter denen er allein Verträge eingeht, unter denen allein er die Versicherungssumme verspricht[3]).

Der Versicherer ist nun entweder ein selbständiger Unternehmer[4]) oder die Gesamtheit aller Versicherungsnehmer[5]).

Der Abschluß des Lebensversicherungsvertrages braucht nicht schriftlich zu sein. Es ist aber allgemein üblich, eine schriftliche Urkunde, die sogenannte „Police", auszufertigen. Der Vertrag wird dann erst mit der Übergabe an den Versicherungsnehmer perfekt. Der ganze Inhalt des Vertrages braucht aber in der Police nicht enthalten zu sein.

§ 6.

Wir erwähnten oben, daß der Versicherer sich durch den Vertrag verpflichte, beim Tode des Versicherungsnehmers eine bestimmte Summe bereit zu halten. Es fragt sich nun, was mit dieser Summe werden soll. Der Versicherungsnehmer selbst ist tot; er kann von der Versicherungssumme keinen Genuß mehr haben. Wir erwähnten aber auch schon weiter, daß der ursprünglichste und hauptsächlichste Zweck der Lebensversicherung auf den eigenen Tod die Fürsorge des Versicherungsnehmers für dritte Personen sei, meistens für Angehörige oder andere Personen, welche ihm im Leben besonders nahe standen. In den weitaus meisten Fällen wird daher die Person oder die Personen, denen die Summe zu gute kommen soll, angegeben sein, sei es, daß sie der Versicherungsnehmer mit Namen

1) Albert Stahl a. a. O. S. 23.

2) Das Nähere s. Ehrenberg I S. 345 f.

3) Vergl. Verfassung der Lebensversicherungsbank Gotha (1. Januar 1910) S. 15 § 2.

4) Nach § 6 Abs. II d. Ges. über die privaten Versicherungsunternehmungen kann dies nur eine Aktiengesellschaft sein.

5) Im letzteren Falle haben wir es mit einem Lebensversicherungsverein auf Gegenseitigkeit zu tun, bei welchem jeder Versicherungsnehmer mit Abschluß des Vertrages Vereinsmitglied wird.

nennt, sei es, daß er allgemeine Ausdrücke gebraucht hat. Lange Zeit herrschte Streit darüber, ob Ausdrücke wie „zu Gunsten meiner Angehörigen", „zu Gunsten meiner Familie", „meiner Kinder", „meiner Hinterbliebenen" als eine genügend bestimmte Bezeichnung der Begünstigten anzusehen seien. Allmählich gelangten diese Ausdrücke aber doch zur Anerkennung.

Besonders heftig tobte der Kampf um den Ausdruck „zu Gunsten meiner Erben". Die einen[1]) meinten, daß der Versicherungsnehmer sagen wolle, daß die Versicherungssumme nicht einem bestimmten Dritten zufallen, sondern zum Nachlaß gehören und aus diesem erst von seinen Erben erworben werden solle. Habe der Versicherungsnehmer bestimmte Dritte bezeichnen wollen, so hätte er andere Ausdrücke gebraucht. Die andern[2]) führen hiergegen aus: der Laie verstehe unter „Erben" kurzweg die Hinterbliebenen, seine Angehörigen. Wenn man Ausdrücke wie „zu Gunsten der Hinterbliebenen", „zu Gunsten der Angehörigen" als genügende Bezeichnung ansehe, müsse man dies auch bei dem Ausdruck „zu Gunsten meiner Erben" tun.

Diese Ansicht gewann allmählich die Oberhand[3]), und das Reichsgericht ging schon 1906[4]) von seiner bisherigen Praxis ab, indem es anerkannte, daß der Ausdruck „zu Gunsten meiner Erben" den übrigen allgemeinen Ausdrücken gleich zu stellen sei.

Das neue Versicherungsvertragsgesetz hat dem Streit endgültig ein Ende gemacht, und ihm nur noch eine geschichtliche Rolle zugewiesen. Es sagt nämlich im § 167 Abs. 1:

„Soll bei einer Kapitalversicherung die Leistung der Versicherungssumme nach dem Tode des Versicherungsnehmers erfolgen und ist die Zahlung an die Erben ohne nähere Bestimmung bedungen, so sind im Zweifel diejenigen, welche zurzeit des Todes als Erben berufen sind, nach dem Verhältnis ihrer Erbteile bezugsberechtigt. Eine Ausschlagung der Erbschaft hat auf die Berechtigung keinen Einfluß".

Wie liegt der Fall aber nun, wenn der Versicherungsnehmer überhaupt keinen Begünstigten genannt hat? Die Fragebogen der

---

1) Vgl. hierzu Eck a. a. O. S. 302.

2) Vgl. hierzu Oertmann a. a. O., zu § 330.

3) Danz II a. a. O. S. 89 f. A. Stahl a. a. O. S. 32; Rehbein a. a. O. S. 220; Rüdiger, a. a. O. S. 291.

4) R. G. E. 62 S. 259 f. (5. I. 1906).

Versicherungsgesellschaften enthalten fast immer die Frage, zu wessen Gunsten die Lebensversicherung abgeschlossen wird. Der Versicherungsnehmer soll sich über die Personen, welchen er die Versicherungssumme zuwenden will, klar werden und diese in den Fragebogen eintragen. Sehr oft tritt aber der Fall ein, daß der Versicherungsnehmer wohl eine Lebensversicherung abschließen möchte, da er gerade den Zeitpunkt für den Abschluß als sehr günstig erachtet, sich aber über die zu begünstigende Person noch nicht klar ist und die Frage deshalb noch offen läßt. Inzwischen verstirbt er aber und die Bezeichnung unterbleibt. Wem fällt jetzt die Lebensversicherungssumme nach seinem Tode zu? Kommt sie auch in diesem Falle dritten Personen zugute oder fällt sie jetzt in den Nachlaß? Die herrschende Meinung steht auf dem letzteren Standpunkt, da in diesem Falle ein Vertrag zu eigenen Gunsten vorliege[1]).

Wir dagegen halten das erstere für das richtigere. U. E. muß man auch hier das ethische Moment, welches den Versicherungsnehmer zum Vertragsabschluß getrieben hat, berücksichtigen, nämlich den Wunsch, über seinen Tod hinaus für Personen, welche ihm im Leben nahe standen, zu sorgen. Wie schon mehrmals erwähnt, ist dieses der ursprünglichste und hauptsächlichste Zweck der Lebensversicherung, und diesem Zweck muß man schon aus sozialpolitischen Gründen die tatkräftigste Förderung angedeihen lassen.

Man muß aber auch weiter den rechtlichen Grundsatz „contractus legem ex conventione accipiunt“ berücksichtigen, daß also der Wille der Vertragschließenden für den Inhalt des Vertrages maßgebend ist. Dieser ist aber dahin auszulegen, daß, wenn keine dritten Personen bezeichnet sind, im Zweifel die Erben die Bezugsberechtigten sein sollen.

Es geschieht hierdurch gar nichts absonderliches. „Es wird lediglich eine Lücke in den Erklärungen des Versicherungsnehmers so ausgefüllt, wie er es normalerweise gewollt hat. Entspräche dies nicht seinem Willen, sondern wollte er die Versicherungssumme seinen Gläubigern zukommen lassen, so wäre dies eine dem Versicherungszweck so zuwider laufende Anwendung der Lebensver-

[1]) Brecher, a. a. O. S. 16; Crome, a. a. O. S. 855; Ehrenberg III S. 461; Hinrichs, a. a. O. S. 415; Gerhard-Hagen, a. a. O. S. 660; Lewis, a. a. O. S. 322; Scherer, a. a. O. S. 140 R. G. E. 24 S. 162, 16, S. 126—129. Kohler, S. 526.

sicherung, daß er dieser Absicht durch besondere Formeln, wie „zu Gunsten meiner Gläubiger", „zu Gunsten meines Nachlasses" hätte Ausdruck geben müssen [1][2]).

Es ist unrichtig, wenn Josef[3]) sagt, es sei daran festzuhalten, daß kraft Gesetzes die Versicherungssumme in den Nachlaß falle. Das Gesetz hat hierüber überhaupt keine Bestimmung getroffen. Es wäre allerdings gut, wenn es geschehen wäre, und der § 167 Abs. 1 des V.V.G. den Zusatz erhalten hätte:

„Dasselbe gilt, wenn überhaupt kein Begünstigter im Vertrage genannt ist".

Mangels einer gesetzlichen Vorschrift entscheiden aber die „Umstände" und der „Zweck" des Lebensversicherungsvertrages. Und hiernach muß man die Lebensversicherung auf den eigenen Tod im Zweifel immer für einen Lebensversicherungsvertrag zugunsten Dritter ansehen.

2. Abschnitt.

§ 7.

Wie schon der Name „Lebensversicherung zu Gunsten Dritter" besagt, haben wir es mit einem Vertrage zu Gunsten Dritter zu tun.

Wir berühren hier wieder eines der umstrittensten Gebiete unseres Rechtslebens. „Der Kampf um die Anerkennung und Würdigung seiner Existenz, den der Vertrag zu Gunsten Dritter hat bestehen müssen, steht dem Streit über die rechtliche Natur des Lebensversicherungsvertrages an Hartnäckigkeit und Ausdehnung in nichts nach. Dieser mehr als tausendjährige Kampf hat aber zur endgültigen Erledigung der Frage geführt und mit einem Siege über eine an die überkommenen römischen Überlieferungen ängstlich sich anklammernde Theorie und Praxis geendet".[4])

Es würde über den Rahmen dieser Arbeit hinausgehen, auf die Lehre von den Verträgen zu Gunsten Dritter im allgemeinen

---

1) Behrend. a. a. O. S. 882.

2) Wie wir: Danz a. a. O. S. 89; Hülse, a. a. O. S. 449 f.; Reuscher, Die rechtliche Natur des Vertrages über die Versicherung des eigenen Lebens; Gerkrath, Die Sicherstellung der Familie in Heft II der Veröffentlichungen des deutschen Vereins für Versicherungswissenschaft.

3) A. a. O. S. 289.

4) Hengehold, a. a. O. S. 21.

hier näher einzugehen. Es wird nur insoweit, als sie die Lebensversicherungsverträge zu Gunsten Dritter berühren, von ihnen zu sprechen sein.

Obwohl diese nun in dem oben erwähnten Kampfe „gerade in dem Augenblicke, als der Kampf zur Entscheidung drängte, die Kerntruppen stellten, um der Lehre von der Gültigkeit zu Gunsten Dritter zur siegreichen Anerkennung zu verhelfen", war es lange Zeit bestritten, ob die Lebensversicherungsverträge zu Gunsten Dritter überhaupt als „Verträge zu Gunsten Dritter" anzusehen seien.

Aber auch dieser Streit ist beendet. Das bürgerliche Gesetzbuch hat in den §§ 328—335 über das Versprechen der Leistung an einen Dritten den Lebensversicherungsvertrag als Vertrag zu Gunsten Dritter anerkannt. In § 330 ist er ausdrücklich genannt, aber auch die §§ 331, 332 beziehen sich speziell auf ihn. Diesen Bestimmungen des B.G.B. schließen sich dann die §§ 166—168 des Versicherungsvertragsgesetzes an, indem sie für das Gebiet der Kapitalversicherung nach verschiedenen Richtungen hin Ergänzungen vorsehen. Es sind dies Bestimmungen, die durch die besonderen Verhältnisse des Versicherungsverkehrs erforderlich sind.

§ 8.

§ 330 B.G.B. sagt inbezug auf den Lebensversicherungsvertrag:

> „Wird in einem Lebensversicherungsvertrage die Zahlung der Versicherungssumme an einen Dritten bedungen, so ist im Zweifel anzunehmen, daß der Dritte unmittelbar das Recht erwerben soll, die Leistung zu fordern."

Kraft des durch den Vertrag erworbenen Rechtes ist der Begünstigte also berechtigt, die Versicherungssumme zu verlangen. Dieser Anspruch enthält aber auch gleichzeitig den auf die Prämienreserve, d. h. den gegenwärtigen Wert der Versicherungssumme, wenn diese anstelle der Versicherungssumme fällig wird[1]).

Der Begünstigte erwirbt das Recht unmitttelbar, d. h. auf Grund des zwischen dem Versicherungsnehmer und dem Versicherer abgeschlossenen Vertrages[2]), nicht durch einen anderen Erwerbsakt wie z. B. durch eine ausdrückliche oder stillschweigende Zession des Ver-

---

[1]) Z. B. durch Rückkauf oder im Falle eines Selbstmords des Versicherungsnehmers (§§ 169, 176 V.V.G.).

[2]) Kommentar d. R.G.R. zu § 328; R.G. 71, 324.

sicherungsnehmers oder durch Erbfolge. Es bedarf weder seines Beitritts, noch einer Annahmeerklärung, noch einer Benachrichtigung an ihn. Der Rechtserwerb vollzieht sich möglicherweise ohne sein Wissen, aber andererseits nicht gegen seinen Willen „invito ac nolenti non obtrudatur beneficium“[1]). Er kann das Recht dem Versicherungsnehmer gegenüber zurückweisen[2]). Erwirbt der Begünstigte das Recht beim Tode des Versicherungsnehmers, so erwirbt er es nicht aus dem Nachlaß[3]). „Das Recht bleibt bei der Berechnung des Pflichtteils oder der Erbteile außer Ansatz, gehört auch nicht zu der durch den Tod des Versicherungsnehmers aufgelösten ehelichen Gütergemeinschaft[4])“.

Nach dem preußischen Landrecht hatte der Dritte ein Klagerecht erst dann, wenn er mit Bewilligung des Promissars dem Vertrage beigetreten war. Die Praxis ging aber hier weiter und hat gerade bei der Lebensversicherung zu Gunsten Dritter das unmittelbare Klagerecht der Dritten angenommen. Der Praxis ist dann das Gesetz gefolgt. Der § 330 B.G.B. ist erst in der zweiten Kommission eingefügt worden. „Man hielt es für wünschenswert, für die Entscheidung der Frage, ob eine unmittelbare Berechtigung des Dritten entstehen solle, einen bestimmten Anhalt zu geben, und der Gefahr vorzubeugen, daß durch die gesetzliche Neuregelung des Instituts der Verträge zu Gunsten Dritter die bisherige feststehende Praxis bezüglich einzelner Fälle ins Schwanken gebracht werde[5]).“

§ 9.

Es entsteht nun die Frage, wann der Dritte das Recht erwirbt.

Den Vertragschließenden steht es natürlich frei, den Zeitpunkt des Rechtserwerbs festzusetzen. Sie können bestimmen, daß der Dritte das Recht sofort mit Vertragsabschluß erwerben, daß er es mit dem Tode des Versicherungsnehmers erlangen soll, oder sie können sonst einen Zeitpunkt festsetzen. Haben sie keine bestimmte Vereinbarung getroffen, so kann der Zeitpunkt gemäß § 328 Abs. 2 aus den „Umständen“ ersichtlich sein.

---

1) l 69 Dig 50 de reg iur.

2) B.G.B § 333.

3) Kohler a. a. O. S. 523.

4) Gerhard-Hagen a. a. O. S. 669 (4).

5) Bachmann, a. a. O. S. 10.

Alles dies ist möglich! Wie aber nun, wenn nichts ersichtlich ist?

Hier stellt das Bürgerliche Gesetzbuch im § 331 Abs. 1 eine Vermutung auf. Es bestimmt, daß der Dritte im Zweifel das Recht erst mit dem Tode des Versicherungsnehmers erwirbt.

Trotz dieses klaren Wortlautes des § 331 gibt es doch einige Schriftsteller[1]), welche dem Begünstigten ein sofort mit Vertragsabschluß anfallendes, wenn auch mehrfach bedingtes, Recht zusprechen.

Sie vertreten die Ansicht, daß der § 331 unmöglich den Sinn haben könne, den ihm die zweite Kommission, welche ihn erst eingefügt habe, beilege, daß nämlich für den Dritten bis zum Tode des Versicherungsnehmers nicht die mindeste rechtliche Befugnis, auch kein bedingtes Recht entstehe, sondern lediglich eine Möglichkeit, eine bloße Anwartschaft. Die einzige rechtsbegründete Tatsache für das Recht des Dritten sei der Vertrag. Die Geburt des Rechtes und die Verknüpfung desselben mit der Person des Dritten falle zeitlich und begrifflich zusammen, da es als subjektloses Recht nicht zur Existenz kommen könne. Würde man mit der zweiten Kommission konstruieren und ein Forderungsrecht des Dritten erst mit dem Tode des Versicherungsnehmers entstehen lassen, so wäre bis zu diesem Augenblick von einem Recht auf die Leistung selbst keine Spur vorhanden, und es bestände bloß das Recht des Versicherungsnehmers, die Leistung an den Dritten zu verlangen. Der Vertrag würde demnach bezüglich der Verpflichtung des Versprechenden sein Dasein bis zum Tode des Versicherungsnehmers negieren. Zwischen der causa des Rechtes und seiner Entstehung wäre der Zusammenhang verloren, zwischen Rechtsursache und Rechtswirkung läge ein juristisches Vakuum.

Ferner würde § 331 in der Auffassung der Kommission eine Ausnahme von der Regel bilden, daß Rechte und Pflichten aus Verträgen mit deren Abschlusse zur Entstehung gelangen und daß eine Abweichung gerade durch die alleinigen Mittel der aufschiebenden Bedingung[2]) und des Anfangstermins[3]) vom Gesetz ermöglicht werde.

Auf Grund dieser Erwägungen kommen sowohl Hengehold[4]) wie auch Stahl[5]) zu einer ganz eigenartigen Auslegung des § 331

---

[1]) U. a. Unger, S. 84; Ramin, Gareis, Hülse, Fuld, a. a. O. a. a. O.
[2]) B.G.B. § 158.
[3]) B.G.B. § 163.
[4]) A. a. O. S. 42 ff.
[5]) A. a. O. S. 35 f.

B.G.B. Nach ihnen ist der Tod des Versicherungsnehmers nicht Anfangstermin für das Recht des Dritten, sondern „Bedingung". Also nur wenn der Versicherungsnehmer stirbt, erwirbt der Dritte das Recht. Da diese Bedingung aber sicher einträte, so könne er „nur inbezug auf seinen Eintritt innerhalb eines bestimmten Zeitraums oder im Hinblick darauf, daß er früher oder später als eine andere zukünftige Begebenheit erfolge, als ungewisses zukünftiges Ereignis angesehen werden. Diese Begebenheit, mit Rücksicht auf welche der Tod des Versicherungsnehmers ungewiß ist, sei der Tod des Dritten. Denn da es sich hier um solche Verträge handelt, die eine Fürsorge für den Dritten bezwecken, so wird man unter dem Dritten nur den genußfähigen Dritten verstehen können, sodaß also nur von dem lebenden Dritten, nicht für seine im Erben fortgesetzte Vermögenspersönlichkeit das Recht mit dem Tode des Versicherungsnehmers erworben wird[1])".

Auch Eckstein[2]) hat neuerdings versucht nachzuweisen, daß der Dritte das Recht nicht erst mit dem Tode des Versicherungsnehmers erwirbt, sondern daß er es schon vorher besitzt. Der Gesetzgeber habe mit dem § 331 beabsichtigt, zu verhindern, daß dem Dritten das Recht vererblich zustände. Lediglich nur dies habe der Gesetzgeber gewollt. Der § 331 sage aber in seiner jetzigen Fassung viel mehr als zur Erreichung dieses Zweckes notwendig sei. Er verschiebe — nicht in Auslegung, sondern in Abweichung vom Parteiwillen — den Zeitpunkt der Entstehung des Rechtes des Dritten und schaffe damit Konsequenzen, die von diesem ausgesprochenen Zwecke weit abliegen. Der § 331 sei nun aber einmal da und sei als geltendes Recht nicht zu ignorieren. Der Paragraph käme aber als Auslegungsregel nur im Zweifel in Anwendung. Die Frage, ob dieser Zweifelsfall eintritt, bemesse sich aber nach dem Maßstab des § 328. Jeder Vertrag sei erst unter Auslassung des § 331 zu prüfen und dieser nur, wenn sich Zweifel einstellten, anzuwenden. Dies sei aber sehr selten der Fall. Im Regelfalle käme es gar nicht zur Anwendung des § 331. Die Worte im „Zweifel" nähmen dieser Bestimmung selbst fast jede praktische Bedeutung.

---

1) A. a. O. S. 38.

2) A. a. O. S. 751 ff.

Nur in seltenen Fällen könne § 331 Abs. 1 Platz greifen. Das praktische Resultat sei nach diesem:

Im Regelfalle erwirbt der Dritte bei dem Vertrag auf Leistung an Dritte, die nach dem Tode des Versprechensempfängers zu erfüllen ist, das Recht auf die Leistung sofort mit dem Abschluß des Vertrages.

Obgleich nun diese Schriftsteller dem Dritten ein sofortiges Recht zugestehen, halten sie doch daran fest, daß der Versicherungsnehmer das freie Widerrufsrecht hat. Die Frage, wann dem Dritten der Anspruch entstanden ist, ob mit Vertragsabschluß oder mit dem Eintritt des versicherten Ereignisses, beeinflusse die etwa vorbehaltene Erfüllungsgewalt des Versprechensempfängers nicht im geringsten. Die Rechtslage gegenüber dem Bezugsberechtigten sei die einer bedingten Zuwendung; bedingt, und zwar auflösend bedingt durch den völlig freien Widerruf seitens des Versprechensempfängers.

Wir halten diese Konstruktion nicht für richtig und die dargelegte Auslegung des § 331 für gezwungen. Man ziehe nur einmal die Konsequenzen aus der so geschaffenen Rechtslage: Das Recht gehört zum Vermögen des Dritten; er kann es übertragen und verpfänden; es kann gepfändet werden; im Konkurs gehört es zur Konkursmasse. Der Versicherungsnehmer kann aber jederzeit das Recht des Dritten illusorisch machen durch einfache Benennung eines andern Leistungsempfängers oder durch Widerruf der Benennung, denn das Recht war mit allen Bedingungen, die ihm anhaften, auf den neuen Berechtigten übergegangen, also auch mit der Bedingung des Widerrufs durch den Versicherungsnehmer.

Will man eine derartige unsichere Rechtslage nicht schaffen, so muß man den § 331 so auslegen, wie ihn der Gesetzgeber verstanden haben will, und zwar dahin, daß der Dritte im Zweifel bis zum Tode des Versicherungsnehmers kein Recht auf die Versicherungssumme besitzt, auch kein bedingtes oder befristetes, mithin auch kein vererbliches; sondern daß er lediglich eine Hoffnung, eine Möglichkeit, eine juristisch vollkommen belanglose Anwartschaft hat[1]).

[1]) Staudinger, S. 305; Bachmann, S. 10; Dernburg, S. 286; Hellwig, S. 211/213; Planck, S. 168; Ehrenberg, S. 383; Georgi, S. 73; Ennecerus. S. 93 („stark abweichend Eckstein, aus keineswegs überzeugenden

Abgesehen von der durch die angegebenen Konstruktionen geschaffenen Rechtsunsicherheit, steht ein derartig widerrufliches Recht mit dem Begriff des Rechts im Wiederspruch[1]). „Ein subjektives Recht kann wohl bedingt oder betagt und von Voraussetzungen abhängig sein, aber es kann nicht in der freien Verfügung eines andern als des Berechtigten stehen[2])".

§ 10.

Wenn nun nach unserer Meinung der Dritte das Recht erst mit dem Tode des Versicherungsnehmers erwirbt, so entsteht die weitere Frage, wem das Recht vor diesem Zeitpunkt gehört. Es ist die Ansicht vertreten worden[3]), daß vorher überhaupt kein Recht vorhanden sei, sondern dies erst im Zeitpunkt des Versicherungsereignisses entstehe. Diese Ansicht ist u. E. aber unrichtig. Das Recht auf die Versicherungssumme entsteht sofort mit Vertragsabschluß; allerdings als ein bedingtes und betagtes, nämlich bedingt durch die Fortdauer des Vertragsverhältnisses auf den normalan Grundlagen (Lebensweise des Versicherungsnehmers usw.), betagt insofern, als es erst mit dem Eintritt des Versicherungsfalles als reine Geldforderung fällig wird. „Das Versicherungsereignis läßt das Forderungsrecht auf die Versicherungssumme nicht erst zur Entstehung gelangen, sondern bewirkt lediglich die Fälligkeit des schon seit Abschluß des Versicherungsvertrages bestehenden Anspruches[4])".

Das Recht kann natürlich als subjektloses Recht nicht bestehen; es muß Jemandem gehören. Und dies kann nur der Versicherungsnehmer sein. Ihm steht das Recht zu; es gehört zu seinem Vermögen. Er kann deshalb auch frei darüber verfügen. Er kann es

---

Gründen"); Kohler, S. 528; Prot. 2. Komm. Bd. I. S. 760; Endemann, Anm. 14 zu § 127: Crome, S. 226; K. d. R.G.R. zu § 331; R.G 51, 404 ff.

[1]) Ehrenberg I a. a. O. S. 383; Brecher a. a. O. S. 8; Berliner a. a. O. Nr. 3, S. 200, Anm. 35.

[2]) Köhne, Buschs Archiv, Bd. 46, § 194.

[3]) Behrend, „Der Konkurs des Versicherungsnehmers" i. d. Leipz. Zeitschr. für Handels-Konkurs- und Versicherungswesen, Jahrgang 1908, Heft II.

[4]) Constam a. a. O. S. 6.

verpfänden[1]). Das Recht umfaßt ferner noch einen weiteren Kreis von Befugnissen. Der Versicherungsnehmer kann nämlich den Versicherungsvertrag durch Rückkauf auflösen, er kann die Versicherung umwandeln, er kann den Begünstigten widerrufen, er kann an seine Stelle einen andern setzen.

Diese soeben aufgezählten Befugnisse müssen wir nun einer näheren Betrachtung unterziehen.

§ 11.

Die Lebensversicherung auf den Tod bedeutet an und für sich ein längeres Rechtsverhältnis. Es dauert umso länger, je später der Versicherungsnehmer stirbt. Während seiner Dauer können Umstände eintreten, die den Versicherungsnehmer veranlassen können, die Versicherung aufzuheben. Es kommen hier vor allem die eigene Leistungsfähigkeit und die Beziehungen zu andern in Betracht. Der Versicherungsnehmer kann in schwierige finanzielle Verhältnisse kommen, die es ihm ratsam erscheinen lassen, die Versicherung aufzuheben. Die dritten Personen, denen er die Versicherung zuwenden wollte, können sterben und der Zweck der Fürsorge kann illusorisch werden. Dem Versicherungsnehmer muß es daher freigestellt sein, den Versicherungsvertrag ohne erheblichen Nachteil zu lösen. Diese Befugnis wird ihm im V.V.G. auch ausdrücklich vorbehalten. (§ 165). Es wird dem Versicherungsnehmer der Anspruch auf die Prämienreserve zuerkannt. Und das ist recht und billig. „Als Entgelt für das bis zur Vertragsaufhebung getragene Risiko hat der Versicherer ja die nicht zur Prämienreservebildung verwendete Risikoprämie erhalten. Die Prämienreserve aber ist das Sparguthaben, welches der Versicherte der Versicherungsgesellschaft übergeben hat, damit sie dasselbe verwalte und im Versicherungsfall in Form der Versicherungssumme zurückerstatte. Von dieser Pflicht wird die Gesellschaft durch Einstellung der Prämienzahlung befreit. Würde sie dabei die Prämienreserve für sich behalten,

---

[1]) Dies gestehen dem Versicherungsnehmer auch diejenigen zu, die der Ansicht sind, daß das Recht sich im Vermögen des Dritten befindet. Dem steht aber der Satz gegenüber: Nemo plus iuris transferre potest, quam ipse habet.

so würde darin eine völlig ungerechtfertigte Bereicherung liegen[1])".

Diesen Anspruch des Versicherungsnehmers auf die Prämienreserve kann dieser nun durch Rückkauf oder Umwandlung geltend machen.

Kündigt[2]) der Versicherungsnehmer, so hat der Versicherer die Prämienreserve herauszugeben; er darf aber einen angemessenen Abzug machen (§ 176 V.V.G.). Die von ihm auszuzahlende Summe nennt man den Rückkaufswert der Versicherung.

Der Versicherungsnehmer kann aber auch die Versicherung in eine prämienfreie umwandeln, d. h. er stellt die Prämienzahlung ein und seine bestehende Prämienreserve bildet dann eine einmalige Prämie (Mise), auf welche sich die Versicherungssumme herabmindert. Das Vertragsverhältnis bleibt hier aber bestehen. Eine solche Umwandlung kann aber erst erfolgen, wenn die Versicherung mindestens drei Jahre besteht. Der Versicherer kann auch hierbei wieder einen kleinen Abzug machen. Einer Benachrichtigung seitens des Versicherungsnehmers an den Versicherer hinsichtlich der Umwandlung bedarf es nicht. Zahlt der Versicherungsnehmer nicht mehr seine Prämien, so geht die Umwandlung ohne weiteres vor sich[3]).

Das interessanteste Recht des Versicherungsnehmers ist nun das Widerrufsrecht.

Es ist ein dem Lebensversicherungsvertrage eigentümliches Recht. In den meisten Versicherungsbedingungen[4]) wird die Befugnis des Versicherungsnehmers, die Bezeichnung des Dritten zu widerrufen, ausdrücklich erwähnt. Aber auch da, wo eine ausdrückliche Bestimmung nicht getroffen ist, wird man das Widerrufsrecht aus dem Zwecke des Vertrages annehmen können. „Denn der Versicherungsnehmer, den die Sorge für Nahestehende bestimmt hat, hat nicht den Willen, seine Fürsorge auch dann noch den Dritten angedeihen zu lassen, wenn diese aus irgend einem Grunde ihm nicht mehr so nahe oder andere ihm näher stehen. Man

---

[1]) Constam, a. a. O. S. 8. Vergl. auch Kohler, a. a. O S. 510 und Begründung zu §§ 176, 177 V.V.G. (Gerhard-Hagen, S. 693).

[2]) Über das Kündigungsrecht vergl. noch Kohler a. a. O. S. 513 ff.

[3]) V.V.G. §§ 173—175.

[4]) Gothaer Lebensv. § 15; Janus § 18; Nordstern §§ 2, 16; Berl. L.V.G. § 10; Phönix, § 1.

denke an den Fall der Undankbarkeit des Dritten oder an nachgeborene Kinder; auch eine nachteilige Veränderung seiner Vermögensverhältnisse würde dem Versicherungnehmer eine Abänderung wünschenswert erscheinen lassen können[1])".

Der Befugnis, den Dritten zu widerrufen, stellt sich regelmäßig und aus denselben Gründen das weitere Recht des Versicherungsnehmers an die Seite, ohne Zustimmung des Versicherers einen anderen an die Stelle des Dritten zu setzen. Nach § 332 B.G.B. kann dies der Versichungsnehmer sogar durch eine Verfügung von todeswegen tun, wenn er sich im Vertrage die Befugnis hierzu vorbehalten hat. Nach § 166 V.V.G. wird dieser Vorbehalt im Zweifel angenommen.

An und für sich kann es ja dem Versicherer gleichgültig sein, an wen er bezahlt. Er will nur seiner Leistungspflicht nachkommen. Es ist deshalb keine vertragsmäßige Abrede zwischen ihm und dem Versicherungsnehmer hinsichtlich des Widerrufs oder der Abänderung nötig, sondern der Versicherungsnehmer kann dies allein vornehmen. Er braucht den Widerruf oder die Abänderung in der Person des Begünstigten dem Versicherer nicht unmittelbar mitzuteilen[2]). Allerdings muß dieser in ausreichender Weise Kenntnis bekommen. Gegen die Gefahr einer etwaigen Doppelzahlung schützt sich der Versicherer dadurch, daß er sich ausbedingt, ohne Prüfung der Legitimation an jeden Vorzeiger der Police befreiend zahlen zu dürfen. Die Police ist dann ein Legitimationspapier im Sinne des § 808 B.G.B.

Dieses Widerrufsrecht, wie auch das Recht, an Stelle des Begünstigten einen andern zu setzen, ist ein höchst persönliches Recht. Es kann von dem Rechtsnachfolger des Versicherungsnehmers nicht ausgeübt werden, insbesondere nicht vom Konkursverwalter[3]).

Wie wir sahen, hat der Begünstigte vor Eintritt des Versicherungsfalls kein Recht, sondern nur eine Hoffnung. Wir wiesen aber auch darauf hin, daß die Vertragschließenden vereinbaren können, daß der Dritte das Recht schon zu Lebzeiten des Ver-

1) Vergl. A. Stahl, a. a. O. S. 41.

2) Im Falle der Bezeichnung durch eine Verfügung von todeswegen geht dies gar nicht. Vergl. auch Kohler S. 522 § 83, II.

3) Ebenso Staudinger, a. a. O. S. 305; Emminghaus, a. a. O. S. 38. Anderer Ansicht: Ehrenberg, a. a. O. S. 393; Hellwig a. a. O. S. 367; Gerhard-Hagen S. 667.

sicherungsnehmers erwirbt. In dieser Vereinbarung liegt nun auf Seiten des Versicherungsnehmers der Verzicht, die Bezeichnung des Dritten zu widerrufen, sei es vom Vertragsabschluß ab, sei es von dem Zeitpunkt an, in welchem dem Dritten das Recht zufallen soll. Da das Gesetz keine bestimmte Form für den Widerrufsverzicht festgesetzt hat, so kann man annehmen, daß der Verzicht auch dann gültig ist, wenn er von dem Versicherungsnehmer lediglich dem Begünstigten und nicht dem Versicherer erklärt wird; diesem gegenüber wird er allerdings erst wirksam, wenn er ihm in ausreichender Weise zur Kenntnis gebracht worden ist.

Hieraus kann man dann weiter entnehmen, daß der Begünstigte durch diesen Verzicht das Recht auf die Leistung erhalten soll. „Dies folgt zwar nicht aus dem Wesen des Verzichts mit zwingender Notwendigkeit: statt eines Rechtes auf die Versicherungsleistung könnte der Begünstigte infolge des Verzichtes auf das Widerrufsrecht auch lediglich den Anspruch an den Versicherten, daß die Begünstigung nicht widerrufen werde, erwerben. Dieser Fall kommt aber in der Praxis kaum vor. Wenn der Versicherte auf den Widerruf verzichtet, dann tut er dies in der Meinung, daß der Begünstigte nun sofort ein unwiderrufliches Recht auf die Versicherungsleistung erwerben soll[1])".

§ 12.

Im Anschluß an die Unmittelbarkeit des Rechtes des Dritten hat sich ein heftiger Streit darüber erhoben, ob das Recht des Dritten ein ursprüngliches, originäres, oder ein aus dem Recht des Versicherungsunternehmers stammendes, ein derivatives sei.

Die herrschende Meinung und mit ihm das Reichsgericht steht auf dem Standpunkt, das Recht des Dritten sei originär; es habe mit dem Recht des Versicherungsnehmers gar nichts zu tun; es seien dies zwei vollkommen verschiedene und von einander getrennte Rechte. So sagt das Reichsgericht in einer Entscheidung vom 3. Juni 1902, daß das Forderungsrecht nicht nur nicht aus dem Nachlasse, sondern auch nicht aus dem Vermögen des Versicherungsnehmers erwachse, der bezügliche Anspruch vielmehr unmittelbar auf

[1]) Constam, a. a. O. S. 17. Ebenso Staudinger, a. a. O. S. 305; K. d. R.G.R. zu § 328.

Grund des Vertrages entstehe. „Der Gesetzgeber hat hier, abweichend davon, wie sonst von ihm das Übergehen einzelner Rechte auf den Todesfall angeordnet ist, einen unvermittelten Erwerb von Todeswegen vorgeschrieben". Ein anderes Mal sagt es: „Die Annahme einer Übertragung steht mit dem Begriff und Wesen eines Vertrages zu Gunsten Dritten im Widerspruch".

Brecher[1]) führt die Entstehung dieses Streites darauf zurück, daß man früher das Recht des Dritten bei einem Vertrage zu Gunsten Dritter auf gekünstelte Weise in allen Fällen aus dem Rechte des Versprechensempfängers abzuleiten versucht hat, und zwar bald durch Fiktion einer Beitrittserklärung des Dritten, bald durch Fiktion einer stillschweigenden Zession oder Ermächtigung, bald durch Fiktion einer negotiorum gestio. Hiergegen habe sich dann die herrschende Lehre gewandt und habe aus der Verwerflichkeit jener Konstruktion den Schluß gezogen: die allein zutreffende Konstruktion ist die, daß man das Forderungsrecht des Dritten hervorgehen läßt, wie aus dem zu seinen Gunsten geschlossenen Vertrag als solchen, so auch ohne Durchgang durch die Person des Versprechensempfängers.

Im Anschluß hieran wendet sich Brecher gegen den Standpunkt, daß das Recht ein originäres sei. Indem sich die herrschende Lehre gegen die ausgeführte Konstruktion gewandt habe, sei sie mit ihrer Schlußfolgerung über das Ziel hinausgeschossen. „Wenn auch jene Ableitungen fehlerhaft sind, so folgt daraus doch noch nicht, daß der Durchgang des Rechtes des Dritten durch das Vermögen des Versicherungsnehmers begrifflich ausgeschlossen sei. Der Dritte kann sein Recht sehr wohl unmittelbar aus einem Vertrage zu Gunsten Dritter und doch aus dem Recht des Versicherungsnehmers ableiten. Vertrag zu Gunsten Dritter und derivativer Rechtserwerb sind mit einander recht gut vereinbar".

Auch wir sind der Meinung, daß der Begriff der Unmittelbarkeit den originären Ursprung des Rechtes nicht notwendig in sich schließt[2]).

Beide Ansichten führen nun auf Grund der Unmittelbarkeit zu dem Resultat, daß das Recht auf die Versicherungssumme beim

---

[1]) A. a. O. S. 14/15.

[2]) Auch die Ehrenbergsche Konstruktion (I a. a. O. S. 381), daß nämlich das, was der Dritte erwerbe, zwar wirtschaftlich, nicht aber juristisch des Versicherten Recht sei, ist u. E. nicht haltbar.

Tode des Versicherungsnehmers nicht in den Nachlaß fällt, sondern dem Begünstigten zukommt. Es mag daher der Streit, ob der Dritte das Recht originär oder derivativ erwirbt, müßig erscheinen. Dem ist aber nicht so! Denn die Ansicht von dem originären Ursprung des Dritten führt, konsequent durchgeführt, zu einem erheblichen Nachteil der Gläubiger des Versicherungsnehmers und dadurch zu einer starken Beeinträchtigung der Kreditfähigkeit der Lebensversicherung. Denn in dem Augenblick, in welchem der Versicherungsnehmer auf sein Widerrufsrecht verzichtet oder stirbt, erlischt sein Recht auf die Versicherungssumme und somit auch alle Pfandrechte, seien sie auf freiwillige Verpfändung gegründet, seien sie aus der Zwangsvollstreckung entstanden und in dem Augenblick scheidet das Recht aus der Konkursmasse aus. Auf der andern Seite dagegen entsteht dasselbe Recht in dem Vermögen des Dritten vollkommen neu und frei von allen Lasten.

Diese Konsequenzen haben die Anhänger der Ansicht von dem originären Ursprung des Rechtes des Dritten nun aber gar nicht gezogen, sondern sie haben das Recht des Dritten mit den Belastungen entstehen lassen, mit denen das Recht des Versicherungsnehmers versehen war. Aber dann sind doch die Rechte die gleichen, wenigstens in ihren wesentlichsten Punkten: das Recht des Dritten ist, wenn er es noch zu Lebzeiten des Versicherungsnehmers erwirbt, genau so bedingt und betagt wie das Recht des Versicherungsnehmers. Im übrigen geht es gegen den nämlichen Versicherer, auf den nämlichen Betrag, ist ebenso beschränkt durch vorgehende Pfandrechte, Beschlagsrechte oder teilweise Zessionen.

§ 13.

Fassen wir nun das in diesem Abschnitt Gesagte noch einmal kurz zusammen, so ergibt sich folgendes:

Dem Versicherungsnehmer stehen, so lange er dem Begünstigten kein unwiderrufliches Recht zugewandt hat, sämtliche Rechte aus dem Lebensversicherungsvertrag zu. Diese sind das Recht auf die Lebensversicherungssumme im allgemeinen, und speziell das Recht des Widerrufs oder Abänderung der Bezeichnung des Bezugsberechtigten, das Recht auf Kündigung oder Umwandlung des Vertrags, das Recht auf die Prämienreserve.

Alle diese Rechte erwirbt mit dem Tode des Versicherungsnehmers der Begünstigte. Vorher hat er, solange die Begünstigung widerruflich ist, überhaupt kein Recht, sondern nur eine belanglose Anwartschaft. Verzichtet jedoch der Versicherungsnehmer schon vorher auf sein Widerrufsrecht, so gehen alle Rechte des Versicherungsnehmers schon mit diesem Zeitpunkt auf den Begünstigten über.

3. Abschnitt.

§ 14.

Haben wir im Vorstehenden die Rechte des Versicherungsnehmers und des Begünstigten betrachtet, so wollen wir jetzt dazu übergehen, uns die rechtliche Stellung der Gläubiger des Versicherungsnehmers näher anzusehen, und zwar wie sich diese gestaltet vor Eintritt des Versicherungsfalles und nach Eintritt desselben. Im ersteren Falle müssen wir dann weiter die Stellung innerhalb und außerhalb des Konkurses betrachten, und innerhalb dieser beiden Unterfälle wieder berücksichtigen, ob die Begünstigung widerruflich ist oder ob der Dritte ein unwiderrufliches Recht erlangt hat.

Wie wir gesehen haben, gehört das Recht auf die Versicherungssumme, solange wie die Begünstigung widerruflich ist, in das Vermögen des Versicherungsnehmers. Seine Gläubiger können den Versicherungsanspruch deshalb wie jedes andere Vermögensstück pfänden. Die Pfändung erfolgt, da das Recht keine reine Geldforderung ist, sondern einen ganzen Kreis verschiedenartiger Befugnisse umfaßt, nach § 857 Z. P. O. Dem Gläubiger wird das Recht zur Einziehung überwiesen, wodurch er die Stellung eines Pfandgläubigers erhält[1]). Der Erfolg dieser Pfändung ist, daß der Gläubiger das Recht erhält, sich bei Eintritt des Versicherungsfalles in Höhe seiner Forderung vor dem Bezugsberechtigten an der Versicherungssumme zu befriedigen. Auf diesen Eintritt kann er womöglich jahrelang warten, was natürlich nicht in seinem Interesse liegt. Er will doch möglichst rasch zu seinem Gelde kommen, ganz abgesehen davon, daß er genötigt ist, wenn der Versicherungsnehmer die weitere Prämienzahlung unterläßt, diese Zahlungen auf sich zu nehmen oder sich die Umwandlung in eine prämienfreie aber reduzierte Versicherung gefallen zu lassen.

---

[1]) Die Überweisung an Zahlungsstatt zum Nennwert ist nach der Natur dieses Anspruchs in der Regel nicht möglich.

Wie wir schon erwähnten, besitzt der Versicherungsanspruch zu jeder Zeit einen gewissen Vermögenswert, die Prämienreserve. Pfänden die Gläubiger den Versicherungsanspruch, so pfänden sie damit auch die Prämienreserve. Steht diese mit der Forderung, welche der Gläubiger an den Versicherungsnehmer hat, ungefähr gleich, so wird der Gläubiger natürlich alles versuchen, diese zu erlangen, anstatt jahrelang zu warten, bis einmal die ganze Versicherungssumme fällig wird. Der Vermögenswert kann aber nur, wie wir gesehen haben, im Wege des Rückkaufs geltend gemacht werden, d. h. dadurch, daß der Versicherungsnehmer von seinem Kündigungsrecht Gebrauch macht, worauf ihm der Versicherer die Prämienreserve ausbezahlen muß[1]). Der Gläubiger wird deshalb versuchen, dieses Rückkaufsrecht des Versicherungsnehmers zu pfänden und auszuüben.

Es ist nun bestritten, ob der Gläubiger dies kann oder nicht!

Die einen sind der Meinung[2]), daß das Rückkaufsrecht ein gewöhnliches Vermögensrecht sei und als solches sehr wohl von den Gläubigern des Versicherungsnehmers gepfändet werden könne. Sie begründen ihre Ansicht damit, daß „der in der Versicherungspolice verbriefte Versicherungsvertrag schon vor Eintritt der Fälligkeit der Versicherungssumme einen für den Versicherungsnehmer realisierbaren Wert" besitze[3]).

Die Gegner dieser Ansicht sind der Meinung, daß das Recht, Rückkauf der Versicherung zu verlangen, einzig und allein demjenigen zustände, der die Prämien bezahle, denn gerade durch die Prämienzahlungen habe dieser Rechte an der Prämienreserve erworben. „Die Befugnis, durch Unterlassung der Prämienzahlung die Versicherung aufzuheben, ist ein höchst persönliches, der Zwangsvollstreckung nicht unterliegendes Recht"[4]).

Wir schließen uns der letzteren Meinung an und zwar schon aus folgender Erwägung heraus: Liefert man das Rückkaufsrecht dem Zugriffe der Gläubiger aus, dann können diese bei der kleinsten

---

1) V.V.G. §§ 165, 176.

2) Gießler a. a. O. S. 36; Heck, a. a. O. S. 61; Gerhard-Hagen, a. a. O. S. 667.

3) So Urteil des Oberlandesgerichtes Namburg a. S. vom 2. Oktober 1903, Seufferts Archiv 59, Nr. 225.

4) Ehrenberg I S. 376 a. a. O.

Forderung die Lebensversicherung kündigen, sich den Rückkaufspreis auszahlen lassen und dadurch die Versicherung zum Erlöschen bringen. Hierdurch erleidet aber der Versicherungsnehmer eine sehr schwere Schädigung, und die Lebensversicherung wird ihrem wirtschaftlichen Zwecke entzogen. Wegen seines vorgerückten Alters oder seines ungünstigeren Gesundheitszustandes wird es ihm kaum gelingen, eine neue Lebensversicherung abzuschließen oder wenigstens nur unter sehr ungünstigeren Bedingungen wie bei der erlöschenden.

In der heutigen Praxis hat sich diese Ansicht leider noch nicht vollkommen zur Anerkennung durchgerungen. Es ist gar nicht selten, daß den Gläubigern die Pfändung des Rückkaufsrechts gelingt und diese von den Versicherungsgesellschaften den geforderten Rückkaufspreis auch ausbezahlt erhalten. Es ist nur lediglich guter Wille des betreibenden Gläubigers, daß er mit dem Versicherungsnehmer vereinbart, daß er den Rückkaufspreis durch Ausübung des statutenmäßigen Belehnungsrechtes realisiert und die belehnte Police dem Versicherungsnehmer zur freien Verfügung übergibt.

Unseres Erachtens ist es ein Gebot der Billigkeit, diese Härte zu beseitigen. Es muß hier der Gesetzgeber eingreifen. Es muß gesetzlich festgelegt werden, daß das Rückkaufsrecht im Zweifel dem Zugriff der Gläubiger entzogen sei.

Zu einer raschen Befriedigung vermittelst des Rückkaufsrechts kommt der Gläubiger nur dann, wenn der Versicherungsnehmer dieses ausübt. Dem Gläubiger ist aber durch das Gesetz noch ein anderer Weg gegeben. Das Gericht kann nach § 844 Z.P.O. bei betagten oder bedingten gepfändeten Forderungen auf Antrag an Stelle der Überweisung eine andere Art der Verwertung anordnen. Als solche kommen hier entweder freier Verkauf oder öffentliche Versteigerung in Betracht. Im Gegensatz zu der oben erwähnten Befriedigungsart bleibt hier die Lebensversicherung erhalten. Der Gläubiger erzielt aber auch hier zu seiner Befriedigung nicht mehr als den Rückkaufspreis, denn der Erwerber der Lebensversicherung wird nur diesen zahlen, da er stets gegenwärtig sein muß, daß der Versicherungsnehmer die Versicherung kündigt und aufhebt und daß dadurch von dem Versicherer nur der Rückkaufswert ausbezahlt wird. Ist die Forderung des Gläubigers gegen den Versicherungsnehmer daher höher als der gegenwärtige Wert der Versicherungssumme, so wird er natürlich von der sofortigen Befriedigung absehen und warten, bis der Wert seiner Forderung gleichkommt oder bis die ganze Versicherungssumme fällig wird. Voraussetzung für das Anwachsen der Prämienreserve oder der Ausbezahlung der ganzen Versicherungssumme ist natürlich, daß der Versicherungsnehmer die Prämien regelmäßig zahlt, da ja sonst eine prämienfreie aber reduzierte Versicherung entsteht. Es muß deshalb dem Gläubiger, der doch ein Interesse an dem möglichst hohen Wert der Versicherung hat, gestattet sein, seinerseits die Prämienzahlung vorzunehmen, wenn der Versicherungsnehmer dies unterläßt.

Constam[1]) will dieses Recht an die Zustimmung des Versicherungsnehmers knüpfen, indem er ausführt: „Wenn der Gläubiger in die Rechte und Pflichten des versicherten Schuldners eintritt, dann liegt der Fall einer Versicherung auf fremdes Leben vor. Für diese wird aber jetzt die Einwilligung des Versicherten gesetzlich verlangt; denn das Ableben einer Person soll nicht zum Gegenstand von Spekulationen gemacht werden."

Dieser Ansicht können wir uns nicht anschließen. Wohl bestimmt § 159 des Versicherungsvertragsgesetzes, daß, wenn die Versicherung für den Fall des Todes eines andern genommen wird, zur Gültigkeit des Vertrages die schriftliche Einwilligung des andern erforderlich ist. Derjenige, der hier die Versicherung abschließt, hat eben alle Rechte eines Versicherungsnehmers; er kann mit der Versicherung schalten und walten wie er will. Daran hat aber derjenige, auf dessen Tod die Versicherung genommen ist, ein Interesse, und seine Zustimmung ist deshalb zu seinem Schutze nötig. Ganz anders hier! Die Gläubiger, die für den Versicherungsnehmer die Prämien zahlen, können mit der Versicherung nicht tun was sie wollen; sie können sie weder verpfänden noch abtreten. Sie sollen und wollen lediglich die Prämien zahlen, um die Versicherung im vollen Umfang aufrecht zu erhalten. Von einer „Spekulation" kann hier nicht die Rede sein. Man beachte aber ferner auch noch folgendes: Hält man an der Zustimmung des Versicherungsnehmers fest, wie dann, wenn dieser sie nicht gibt? Die Lebensversicherung wandelt sich dann in eine prämienfreie um, ohne daß dies die Gläubiger verhindern können.

Es entsteht nun die weitere Frage, in welcher Höhe den Gläubigern der gepfändete Versicherungsanspruch zufällt, wenn der

[1]) A. a. O. S. 29.

Versicherungsfall eintritt. Ehrenberg[1]) meint, den Gläubigern fiele die Versicherungssumme voll und ganz zu, ohne irgendwelche Rücksicht auf ihre Forderung. Das habe zunächst etwas Überraschendes. Indessen sei zu bedenken, daß die Gläubiger möglicherweise viele Jahre lang die Prämien aus eigener Tasche bezahlt hätten und daß der Versicherungsnehmer, wenn sie dies nicht getan, sondern sich mit dem gegenwärtigen Wert begnügt hätten, ebenfalls nichts erhalten haben würde. Der Mehrwert der Police sei also ausschließlich auf die Opfer zurückzuführen, welche die Gläubiger dafür gebracht hätten.

Wir können uns dieser Ansicht nicht anschließen. Die Gläubiger sollen aus der Versicherungssumme Befriedigung erlangen, also alles erhalten, was ihnen zusteht an Forderung und an den zur Aufrechterhaltung der Versicherung gemachten Unkosten. Sie sollen aber nicht mehr erhalten, nicht noch einen Gewinn haben. Fiele ihnen die ganze Versicherungssumme zu, so würden sie ungerechtfertigt bereichert sein.

§ 15.

Soweit das Recht der Gläubiger in der Zwangsvollstreckung. Der Versicherungsnehmer kann das Recht aber auch freiwillig verpfänden. Wie gestaltet sich dann die Stellung des Pfandgläubigers?

Der Versicherungsnehmer will durch Verpfändung der Lebensversicherung den Gläubiger für seine Forderung an ihn sicherstellen. Dem Gläubiger soll es möglich sein, sich aus der Versicherungsforderung zu befriedigen, wenn seine Forderung gegen den Versicherungsnehmer fällig wird, dieser aber die Schuld nicht tilgt. Der Gläubiger wird natürlich bei Abschluß des Verpfändungsvertrages darauf achten, daß der augenblickliche Wert der ihm verpfändeten Lebensversicherung sich mit der ihm gegen den Versicherungsnehmer zustehenden Forderung deckt. Denn nur unter dieser Voraussetzung ist die Lebensversicherung für ihn eine Sicherheit. Übersteigt die Forderung den augenblicklichen Wert der Lebensversicherung, dann tritt die Sicherheit erst ein, wenn der Wert durch Zahlung der Prämien soweit angewachsen ist, daß er der Forderung gleichkommt. Wie nun, wenn der Versicherungsnehmer die Prämienzahlungen vor diesem Zeitpunkt einstellt? Kann der Gläubiger ihn dann zur

[1]) l. a. a. O. S. 377.

Zahlung zwingen? Nein, dieses Recht hat der Gläubiger nicht, es müßte denn sein, daß es die Parteien im Verpfändungsvertrag ausdrücklich vereinbart hätten. Der Gläubiger kann aber nach der von uns bei der Zwangsvollstreckung ausgeführten Meinung ohne Zustimmung des Versicherungsnehmers die Prämienzahlungen fortsetzen. Es sind dann dies Aufwendungen auf die Pfandsache, welche der Gläubiger von dem Versicherungsnehmer zurückverlangen kann. Hat der Wert der Versicherungssumme durch die weitere Zahlung der Prämien die Höhe der Forderung erreicht, und der Gläubiger genügende Sicherheit in dem Rückkaufswert, dann hat er, wenn er etwa die Prämien weiter bezahlt, kein Recht mehr, Ersatz auch noch für diese Zahlungen zu verlangen.

Haben wir somit dem Versicherungsnehmer das Recht zugestanden, die Lebensversicherung jederzeit trotz der Verpfändung in eine prämienfreie zu verwandeln, so dürfen wir ihm jedoch nicht das Rückkaufsrecht zugestehen, wenigstens nicht für den Fall, daß der Wert der Lebensversicherungssumme hinter der Forderung des Gläubigers zurücksteht. Denn durch den Rückkauf würde das Pfandobjekt, der Lebensversicherungsvertrag zerstört. An Stelle des Versicherungsanspruches träte der Rückkaufswert, und wir haben gesehen, daß der Gläubiger ein Interesse daran hat, daß dieser nicht niedriger ist, als die Höhe seiner Forderung.

Im übrigen darf der Versicherungsnehmer frei über die Lebensversicherung verfügen; es darf nur nicht das Recht des Gläubigers, sich gegebenenfalls für seine Forderung zu befriedigen, beeinträchtigt werden.

Wird die Forderung des Gläubigers fällig, ohne daß der Versicherungsnehmer die Schuld getilgt hat, dann kann sich der Gläubiger aus der Lebensversicherung befriedigen. Dies geschieht entweder gemäß der Bestimmungen über die Zwangsvollstreckung, wie wir dies oben geschildert haben, oder aber nach § 1282 B.G.B. Hiernach ist er zur Einziehung der Geldforderung berechtigt oder aber die Geldforderung wird ihm an Zahlungsstatt abgetreten. Nun ist aber die Versicherungsforderung keine reine Geldforderung, so lange nicht der Versicherungsfall eintritt oder der Rückkauf erfolgt. Der Gläubiger muß also auch hier warten, bis der Versicherungsnehmer stirbt oder aber er muß den Anspruch verkaufen oder versteigern lassen. Das Rückkaufsrecht darf er ebenso wenig ausüben, wie der Gläubiger bei der Zwangsvollstreckung. Constam[1]) ist hier anderer Ansicht. Er sagt, diesem, dem Fürsorgecharakter der Lebensversicherung Sorge tragenden Resultate stände doch entgegen, daß infolge der Verpfändung der Police das Pfandrecht des Pfandgläubigers allen andern mit der Lebensversicherung verbundenen Zwecken vorgehe. Dieses Pfandrecht schließe aber nach B.G.B. § 1283 Abs. 3 nach seiner Fälligkeit auch ein Kündigungsrecht in sich. Würde für die Lebensversicherung zu Gunsten Dritter hiervon eine Ausnahme gemacht, so würde damit die Kreditfähigkeit der Lebensversicherung im hohen Maße herabgemindert werden.

Dies will uns nicht richtig erscheinen. Es ist nicht einzusehen, warum der Pfandgläubiger hier besser gestellt sein soll, als der Pfandgläubiger in der Zwangsvollstreckung. Das Rückkaufsrecht bei der Lebensversicherung ist und bleibt ein höchst persönliches Recht des Versicherungsnehmers, denn auch hier würde der ungeheuere Nachteil für diesen entstehen, wenn man dem Pfandgläubiger das Rückkaufsrecht aushändigen wollte, daß die Versicherung zerstört und dem Versicherungsnehmer die Möglichkeit geraubt wird, die Police durch Zahlung der Pfandsumme wieder einzulösen, und so den Versicherungsanspruch seinen Hinterbliebenen zu erhalten. Allerdings ist zu beachten, daß auch der Versicherungsnehmer, wie wir schon vorhin erwähnten, das Rückkaufsrecht nur geltend machen kann, wenn der Wert der Versicherungssumme nicht hinter der Forderung des Gläubigers zurücksteht.

§ 16.

Wie nun, wenn der Begünstigte ein unwiderrufliches Recht erlangt hat?

In dem Moment, in dem der Versicherungsnehmer auf sein Widerrufsrecht verzichtet und der Dritte das Recht erwirbt, scheidet dieses aus dem Vermögen des Versicherungsnehmers aus. Es unterliegt folglich auch von diesem Zeitpunkt an nicht mehr dem Zugriff seiner Gläubiger.

§ 17.

Welche Stellung nehmen nun die Gläubiger im Konkurs des Versicherungsnehmers ein, der zu seinen Lebzeiten eröffnet wird?

---

[1]) A. a. O. S. 40.

Zunächst interessiert uns die Frage wieder für den Fall, daß der Dritte noch kein Recht erworben hat.

Zur Konkursmasse des Versicherungsnehmers gehört sein gesamtes Vermögen, welches er bei Konkurseröffnung besitzt; folglich auch der Anspruch auf die Versicherungssumme.

Die dem Gemeinschuldner zustehenden Rechte übt im Konkurs nun nicht mehr dieser selbst aus, sondern der Konkursverwalter. Man müßte daher meinen, der Konkursverwalter könne auch alle Rechte des Gemeinschuldners als Versicherungsnehmer ausüben. Dem ist aber nicht so! Die Situation ist dieselbe wie die im vorhergehenden geschilderte: der Anspruch auf die Versicherungssumme gehört zur Konkursmasse. Wird der Anspruch fällig, — d. h. stirbt der Versicherungsnehmer während des Konkurses — so zieht der Konkursverwalter die Versicherungssumme zur Masse. Vorher kann er, genau wie die Pfandgläubiger, den Anspruch zu Gunsten der Masse veräußern. Aber niemals kann der Konkursverwalter das Rückkaufsrecht ausüben. Auch hier ist dasselbe ein höchst persönliches Recht des Versicherungsnehmers. Im allgemeinen wird er — wenn er nicht Vermögenswerte besitzt, welche nicht zur Masse gehören oder wenn er nicht einen guten Bekannten oder Verwandten hat, der für ihn zahlt — die Prämienzahlungen nach der Konkurseröffnung nicht mehr bezahlen. Die Versicherung wandelt sich also in eine prämienfreie um. Hat der Konkursverwalter ein Interesse daran, diese Umwandlung zu verhindern, so steht es ihm wie dem Pfandgläubiger frei, die Prämienzahlungen aus der Masse fortzusetzen, auch hier wieder aus den oben angeführten Gründen ohne Einwilligung des Versicherungsnehmers.

§ 18.

Fällt der Versicherungsnehmer in Konkurs, nachdem er dem Begünstigten ein unwiderrufliches Recht verschafft hat, so fällt der Versicherungsanspruch natürlich nicht in die Konkursmasse, da er ja bereits in das Vermögen des Begünstigten übergegangen ist.

§ 19.

Bei unseren bisherigen Erörterungen haben wir die Stellung der Gläubiger vor Eintritt des Versicherungsfalles, also vor dem Tode des Versicherungsnehmers, betrachtet. Es ist nun zu prüfen, wie sich die Rechte der Gläubiger in und nach diesem Zeitpunkt gestalten.

Das Recht auf den Versicherungsanspruch gehört bis zum Widerrufsverzicht oder bis zum Tode des Versicherungsnehmers, wie wir gesehen haben, zu dessen Vermögen.

Wir haben auch schon weiter gesehen, daß das Recht beim Tode des Versicherungsnehmers nicht in den Nachlaß fällt, sondern ohne weiteres in das Vermögen des Begünstigten übergeht und zwar derivativ aus dem Vermögen des Versicherungsnehmers.

Folglich sind mit diesem Zeitpunkt die Gläubiger, soweit sie nicht hinsichtlich des Versicherungsanspruches Pfandgläubiger sind, von dem Zugriff auf die Lebensversicherungssumme ausgeschlossen.

4. Abschnitt.

§ 20.

Außer den im vorigen Abschnitt angegebenen Mitteln, sich aus dem Lebensversicherungsvertrag des Versicherungsnehmers zu befriedigen, steht den Gläubigern desselben noch das Hilfsmittel der Vollstreckung, und zwar sowohl der Zwangsvollstreckung, als auch des Konkurses zu, nämlich die Anfechtung.

Eine besondere gesetzliche Regelung der Anfechtung des Lebensversicherungsvertrages zu Gunsten Dritter gibt es nicht. Das Versicherungsvertragsgesetz enthält darüber keine Bestimmungen. Man muß deshalb auf die allgemeinen gesetzlichen Bestimmnngen über die Anfechtung zurückgreifen. Hierbei müssen wir unterscheiden zwischen der Anfechtung innerhalb des Konkurses und derjenigen außerhalb desselben. Die erstere ist in den §§ 29—42 der Konkursordnung geregelt, die letztere durch Anfechtungsgesetz vom 20. Mai 1898.

„Die Anfechtung ermöglicht die Zwangsbeitreibung einer Geldsumme aus Gegenständen, die durch einen an sich rechtsbeständigen Vorgang aus dem Vermögen des Schuldners ausgeschieden sind[1])".

---

[1]) Jäger, a. a. O. S. 300 Anm. 2.

Voraussetzung für die Anfechtung ist, daß der Schuldner eine an und für sich rechtsgültige Handlung vorgenommen, daß diese Handlung eine objektive Benachteiligung der Gläubiger herbeigeführt hat, und daß diese Benachteiligung in unzulässiger Weise geschehen ist. Im einzelnen stellt § 2 des Anfechtungsgesetzes für die Anfechtung außerhalb des Konkurses die Voraussetzungen auf, daß der anfechtende Gläubiger einen vollstreckbaren Titel hat, daß seine Forderung fällig ist und daß die Zwangsvollstreckung in das Vermögen des Schuldners zu einer vollständigen Befriedigung des Gläubigers nicht geführt hat oder daß anzunehmen ist, daß sie zu einer solchen nicht führen werde. Nähere Voraussetzung für die Anfechtung im Konkurs ist zunächst natürlich die Konkurseröffnung, weiter aber, daß die Rechtshandlungen vor Eröffnung des Konkurses seitens des Schuldners vorgenommen worden sind.

Die Unzulässigkeit der Benachteiligung ist sowohl innerhalb als auch außerhalb des Konkurses gegeben im Falle der sogenannten Absichtsanfechtung und im Falle der sogenannten Schenkungsanfechtung.

Bei ersterer hat der Schuldner dem Dritten oder der Dritte dem Schuldner in der beiden gemeinschaftlichen Absicht, die Gläubiger des Schuldners zu benachteiligen eine vermögensrechtliche Leistung gemacht[1]).

Hierbei wird die beiderseitige fraudatorische Absicht vermutet bei den im letzten Jahre vor der Konkurseröffnung oder der Anfechtung geschlossenen entgeltlichen, die Gläubiger an sich benachteiligenden Verträgen mit Ehegatten, Verwandten oder Verschwägerten des Schuldners[2]).

Bei letzterer hat der Schuldner im letzten Jahre vor der Eröffnung des Verfahrens oder vor der Anfechtung unentgeltliche Verfügungen vorgenommen.

Hierbei ist zu beachten, daß, wenn der Beschenkte Ehegatte ist, sich die Anfechtungszeit auf zwei Jahre von dem angegebenen Zeitpunkt an rückwärts erstreckt. Gebräuchliche Gelegenheitsgeschenke sind aber gestattet[3]).

---

[1]) K. O. § 31 Nr. 1; Anf. Ges. § 3 Nr. 1.

[2]) K. O. § 31 Nr. 2; Anf. Ges. § 3 Nr. 2.

[3]) K. O. § 32 Nr. 1 u. 2; Anf. Ges. § 3 Nr. 3. u. 4.

Im Konkurs ist die Unzulässigkeit dann noch weiter gegeben im Falle der sogenannten Konkursanfechtung, d. h.:

a) bezüglich aller in der kritischen Zeit, das ist nach der Zahlungseinstellung oder dem Eröffnungsantrag, von dem Gemeinschuldner eingegangenen, die Konkursgläubiger benachteiligenden Rechtsgeschäfte, wenn dem Anfechtungsgegner bei Abschluß des Geschäftes die Krisis bekannt war[1]);

b) wenn ein Konkursgläubiger innerhalb der kritischen Zeit oder zehn Tage vor dieser eine Sicherung oder Befriedigung erlangt hat, die nicht oder nicht in der Art oder nicht zu der Zeit beansprucht werden konnte, sofern nicht der Anfechtungsgegner beweist, daß ihm zurzeit der Handlung weder die Krisis noch eine Absicht des Gemeinschuldners, ihn vor den übrigen Gläubigern zu begünstigen, bekannt war[2]);

c) wenn ein Konkursgläubiger eine an sich gestattete Sicherung oder Befriedigung in der kritischen Zeit erlangt hat, und ihm die Krisis bekannt war[3])[4]).

Wir sehen, daß in allen Fällen Rechtshandlungen des Schuldners vorliegen müssen, durch welche dritte Personen einen Vermögensvorteil erlangt haben. Gegen diese richtet sich das Verlangen der Gläubiger auf Herausgabe. Sind keine dritten Personen vorhanden, so kann eine Anfechtung nicht stattfinden.

§ 21.

Betrachten wir nun nach diesen allgemeinen Erörterungen über die Anfechtung, was sich hieraus für den Lebensversicherungsvertrag zu Gunsten Dritter ergibt.

Wir stellten fest, daß Rechtshandlungen, d. h. Handlungen oder Unterlassungen, die Rechtsverhältnisse begründen, ändern oder aufheben und dadurch geeignet sind, die Gläubiger zu benachteiligen, für die Anfechtung vorliegen müssen. Welche Rechtsgeschäfte des Versicherungsnehmers kommen nun als solche bei der Lebensver-

[1]) K. O. § 30 Nr. 1.

[2]) K. O. § 30 Nr. 2.

[3]) K. O. § 30 Nr. 1 Satz 2.

[4]) Bezüglich dieser erwähnten Unzulässigkeit ist eine Beschränkung aus § 30 K. O. in § 33 K. O. festgelegt.

sicherung zu Gunster Dritter in Betracht? Zunächst wäre da der Versicherungsvertrag zu betrachten. Dieser könnte, sowohl nach § 31 Ziffer 1 K. O. oder § 3 Ziffer 1 Anf. Ges. angefochten werden, als auch nach § 30 K. O. Voraussetzung für die Anfechtung nach den ersteren Paragraphen wäre, daß der Versicherungsnehmer und der Versicherer — gegen diesen würde sich die Anfechtung richten — den Lebensversicherungsvertrag abgeschlossen hätten in der Absicht, die Gläubiger zu benachteiligen. Daß die Vertragsparteien diese Absicht gehabt haben, hat der anfechtende Gläubiger nachzuweisen. Dieser Nachweis wird ihm aber sehr schwer gelingen. Er könnte ihn höchstens auf die schlechte Vermögenslage des Versicherungsnehmers zur Zeit des Vertragsabschlusses stützen oder auf ein Mißverhältnis zwischen der Höhe der übernommenen Prämienverpflichtungen zum vorhandenen Vermögen. Aber selbst wenn ihm dieser Nachweis gelänge, müßte der Gläubiger den noch schwierigeren erbringen, daß der Versicherer von der bösen Absicht des Versicherungsnehmers Kenntnis gehabt hat oder hätte haben müssen. Nun verlangt aber das eigene Interesse des Versicherers, daß er es nur mit zahlkräftigen Versicherungsnehmern zu tun hat. Weiter ist in den weitaus meisten Fällen der Versicherer eine Versicherungsgesellschaft, welche jährlich mehrere hundert Lebensversicherungen abschließt und diese meistens nicht direkt, sondern durch eine große Anzahl von über das ganze Land verstreuten Versicherungsagenten. Es leuchtet wohl ohne weiteres ein, daß es unter diesen Umständen dem Gläubiger kaum gelingen wird, den Nachweis zu erbringen, daß die Versicherungsgesellschaft die schlechte Finanzlage oder das Mißverhältnis zwischen Prämienverpflichtungen und Vermögen des Versicherungsnehmers gekannt und den Vertrag trotzdem abgeschlossen hat.

Ebenso würde bei der Konkursanfechtung des § 30 K. O. kaum der Beweis zu erbringen sein, daß der Versicherer bei Abschuß des Vertrages die Zahlungseinstellung oder den Antrag auf Konkurseröffnung gekannt hat.

Die Anfechtung des gesamten Versicherungsvertrages führt also in den weitaus meisten Fällen zu keinem Resultat[1]). Es fragt sich nun, ob vielleicht die einzelnen Prämienzahlungen als die Gläubiger

---

[1]) Sollte dies doch der Fall sein, so geht die Anfechtung auf Rückerstattung der bezahlten Prämien.

benachteiligende Rechtshandlungen mit Erfolg angefochten werden können. U. E. ist dies nicht der Fall[1]). Die Prämienzahlungen bilden lediglich die Erfüllungsakte der von dem Versicherungsnehmer im Vertrage übernommenen Verpflichtung. Als rechnungsmäßiges Äquivalent steht ihnen das von dem Versicherer übernommene Risiko gegenüber. Der Versicherungsnehmer schenkt dem Versicherer die Prämien nicht, sondern verlangt dafür von diesem die Übernahme der Verpflichtung, nach seinem Tode die vereinbarte Versicherungssumme auszuzahlen.

Das Reichsgericht macht die Anfechtbarkeit der einzelnen Prämienzahlungen davon abhängig, ob der Versicherungsnehmer nach den Versicherungsbedingungen sich zur Weiterzahlung der Prämien verpflichtet hat, und so in den einzelnen Prämienzahlungen nur eine vertragsmäßige Verpflichtung liegt, oder ob dem Versicherungsnehmer jederzeit das freie Rücktrittsrecht zusteht und es ihm so überlassen ist, durch die einzelnen Prämienzahlungen die Versicherung fortzusetzen oder nicht. Wir halten auch diesen Standpunkt nicht für richtig. Der Versicherungsvertrag ist ein zusammenhängendes, bis zum Eintritt des Versicherungsfalles berechnetes Rechtsverhältnis. In den einzelnen Prämienzahlungen darf man eine Erneuerung oder Verlängerung des Versicherungsvertrages, wie dies nach dem letzten Standpunkte des Reichsgerichts der Fall wäre, nicht erblicken. Was würde es denn schließlich dem Gläubiger auch nützen, wenn er die Prämienzahlungen anfechten würde? Infolge der kurzen Präklusivfristen würde in der Regel die Anfechtung doch nur die Zahlungen der letzten ein bis zwei Jahre ergreifen können; es würde ihm also nur ein sehr unvollkommener Ersatz für den Verlust jedes direkten Zugriffsrechts geboten werden.

Weiter ist jetzt zu prüfen, ob vielleicht die Benennung des Begünstigten als eine die Gläubiger benachteiligende Rechtshandlung des Versicherungsnehmers anzusehen ist.

Wie schon erwähnt, wird der Versicherungsnehmer in den weitaus meisten Fällen bei Abschluß des Lebensversicherungsvertrages diejenigen Personen bezeichnen, denen bei seinem Tode die Versicherungssumme zufallen soll, sei es, daß er sie namentlich an-

---

1) And. Meinung: Hager & Bruck a. a. O. Nr. 5 S. 372; Berliner a. a. O. Nr. 5 S. 375.

gibt, sei es, daß er sie nur durch allgemeinere Ausdrücke andeutet. U. E. bildet die Bezeichnung des Begünstigten einen integrierenden Bestandteil des Vertrages[1]). Sie kam daher auch nur mit diesem zusammen angefochten werden.

In einer großen Anzahl von Fällen wird nun an Stelle des anfangs Bezugsberechtigten ein anderer gesetzt, oder aber es ist von anfang an überhaupt kein bestimmter Bezugsberechtigter benannt, sondern die Benennung erfolgt erst nachträglich. Während nun im ersteren Falle die Anfechtung von der herrschenden Meinung auch jetzt versagt wird, weil sich in der Vermögenslage des Versicherungsnehmers nichts ändert[2]), gewährt man im letzteren Falle dagegen die Anfechtung. Da man „die Annahme nicht ablehnen könne, daß hier ein wirklicher greifbarer Vermögenswert, welcher bisher in dem Vermögen des Versicherungsnehmers gesteckt habe, aus diesem herausgegangen und dem Dritten zugeflossen sei“[3]).

Dieser Ansicht können wir uns nicht anschließen. Nach unserer Meinung ist ein Lebensversicherungsvertrag auf den eigenen Tod stets ein Vertrag zu Gunsten Dritter[4]), gleichgültig, ob ein Dritter bezeichnet ist oder nicht. In jedem derartigen Vertrage liegt die Benennung des Bezugsberechtigten fest. Eine sofortige oder spätere ausdrückliche Bezeichnung gibt der Benennung nur einen bestimmten Charakter. Die Bezeichnung ist also nicht erst der Akt, welcher den oben angegebenen Erfolg hervorruft. Mit der grundsätzlichen Anerkennung jedes Versicherungsvertrages auf den eigenen Tod, un bekümmert um den Wortlaut der Begünstigungsklausel, als ein Vertrag zu Gunsten Dritter, müssen wir jede Anfechtung der Begünstigung, sei sie mit Vertragsabschluß geschehen, sei sie erst später erfolgt, ablehnen.

§ 22.

Nach der entgegengesetzten Seite weicht Constam von der oben bezeichneten Mittelmeinung ab[5]). Er ist der Ansicht, daß der Ab-

[1]) Ebenso Berliner a. a. O. S. 373; Gerhard-Hagen a. a. O. S. 662; Reichsger., Bd. 62, 48.

[2]) Gerhard Hagen a. a. O. S. 662.

[3]) Gerhard Hagen a. a. O. S. 662.

[4]) Wenn nichts anderes vereinbart ist.

[5]) A. a. O. S. 47 f.

schluß des Versicherungsvertrages und die Benennung des Dritten streng auseinander gehalten werden müßten[1]). Es seien dies zwei vollständig von einander getrennte Rechtsgeschäfte. Ob der Versicherungsnehmer von der ihm zustehenden Befugnis, einen Bezugsberechtigten zu bezeichnen, gleich bei Abschluß des Vertrages Gebrauch mache oder erst später, sei gleichgültig. Im ersteren Falle sei das Zusammenfallen des Abschlusses der Versicherung und die Begünstigung nur ein zufälliges.

Constam gibt deshalb dem Gläubiger das Anfechtungsrecht gegen die Begünstigung, als diejenige Rechtshandlung, die den Versicherungsanspruch dem Zugriff der Gläubiger entzieht, unter allen Umständen.

Aber selbst wenn man sich auf diesen Standpunkt stellen würde, würde den Gläubigern nur wenig geholfen sein:

Solange wie die Begünstigung widerruflich ist, hat der Dritte bis zum Eintrit des Versicherungsfalles nur eine Anwartschaft und kein Recht. Der Anspruch auf die Versicherungsforderung bleibt im Vermögen des Versicherungsnehmers. Diesen Anspruch können die Gläubiger jeder Zeit pfänden, der Konkursverwalter jeder Zeit in die Konkursmasse ziehen. Den Gläubigern entsteht also durch die Begünstigung absolut kein Nachteil; folglich ist auch ihre Anfechtung nicht möglich.

Anders liegt der Fall, wenn der Versicherungsnehmer dem Dritten ein unwiderrufliches Recht verschafft. Jetzt wird aus dem Vermögen des Versicherungsnehmers seinen Gläubigern ein Befriedigungsobjekt entzogen, und deshalb ist jetzt eine Anfechtung möglich. Dies ist aber auch nach unserem Standpunkt der Fall, nur daß bei uns nicht die Begünstigung der Anfechtung unterliegt, sondern der im Verschaffen des Rechtes liegende Widerrufsverzicht des Versicherungsnehmers[2]). Dieser ist eine die Gläubiger benachteiligende Rechtshandlung.

Ein anderer Akt, durch welchen den Gläubigern der Anspruch auf die Versicherungssumme entzogen wird, ist der Tod des Versicherungsnehmers. Er ist aber eine bloße Tatsache und kann als solche nicht angefochten werden. Wenn aber auch das Recht des

---

[1]) Ebenso Jäger, a. a. O. S. 301; Hellwig, a. a. O. S. 367.

[2]) Vergl. S. 21 unten.

Begünstigten auf die Versicherungssumme erst mit dem Tode des Versicherungsnehmers eintritt, so ruft doch nur die vorherige Benennung des Bezugsberechtigten diese Wirkung des Versicherungsfalles hervor. Dies ist also die Handlung, durch welche die Gläubiger benachteiligt werden. Der Rechtserfolg dieses Aktes ist allerdings vom Eintritt des Todes des Versicherungsnehmers abhängig. Die Gläubiger können daher erst, wenn der Tod eingetreten ist, ihr Anfechtungsrecht geltend machen. Die anfechtbare Handlung, also die Benennung des Begünstigten, muß aber innerhalb der gesetzlichen Frist stattgefunden haben. „Die Fälle, in denen das Versicherungsereignis innerhalb eines halben event. ganzen Jahres nach erfolgter Begünstigung eintritt, sind natürlich selten. Damit ist die Anfechtungsmöglichkeit von bis zum Versicherungsfalle widerruflichen Begünstigungen bedeutend vermindert[1])".

§ 23.

Wir sehen also, daß sowohl die Ansicht Constams, als auch teilweise die der Mittelmeinung den Gläubigern des Versicherungsnehmers nicht allzuviel Vorteil bietet.

Nicht unerwähnt darf bleiben, daß die causa der Begünstigung, wenn man sie der Anfechtung unterwirft, unentgeltlich sein muß. In der Regel wird dies ja der Fall sein. Die Fälle, in welchem in dem Abschlusse der Lebensversicherung zu Gunsten Dritter die Erfüllung einer dem letzteren gegenüber eingegangenen Verpflichtung zu erblicken ist, sind äußerst selten.

Es ist nun noch zu erörtern, gegen wen eigentlich die Anfechtung zu richten ist, wenn man die Begünstigung anfechten will. Diese wird zwischen Versicherer und Versicherungsnehmer vereinbart. Der Dritte wirkt überhaupt nicht mit, ja er weiß in den meisten Fällen gar nichts von der Vereinbarung. Gegen ihn kann sich also die Anfechtung hiernach eigentlich nicht richten. Aber auch gegen den Versicherer ist es nicht möglich, da ja ihm gegenüber keine unentgeltliche Verfügung vorliegt. Die Anhänger der Ansicht, daß die Begünstigung anfechtbar sei, sagen deshalb: Da durch die Begünstigung dem Versicherungsnehmer Vermögenswerte entzogen werden, wodurch eine Benachteiligung seiner Gläubiger eintritt,

[1]) Constam, a. a. O. S. 54.

muß die Anfechtung unbedingt gegen den Dritten gerichtet werden, gleichgültig, ob er bei der Errichtung der Begünstigung beteiligt war oder nicht[1]).

Die Anfechtung des Widerrufsverzichtes richtet sich gegen den Versicherer.

Das Resultat dieses Abschnittes ist folgendes:

1. Die Anfechtung des Versicherungsvertrages führt nur in den seltensten Fällen zu einem Erfolge;
2. die einzelnen Prämienzahlungen können nicht angefochten werden;
3. die Begünstigung kann nicht angefochten werden;
4. die Anfechtung des Widerrufsverzichtes ist möglich, wird aber nur in den seltensten Fällen praktisch.

5. Abschnitt.

§ 24.

Wir haben im Vorstehenden zunächst die Lebensversicherung zu Gunsten Dritter auf den eigenen Tod einer eingehenden Behandlung unterzogen, haben dann vor allem einerseits den Rechten des Bezugsberechtigten, andererseits den Rechten der Gläubiger unsere besondere Aufmerksamkeit geschenkt. Wenn wir jetzt auf unsere in der Einleitung gestellte Frage, wie unser heutiges Recht den Interessenkonflikt zwischen dem Begünstigten und den Gläubigern des Versicherungsnehmers löst, zurückkommen, so kommen wir auf Grund unserer Erörterungen zu dem Ergebnis, daß gesetzliche Vorschriften, die den Konflikt lösen könnten, nicht vorhanden sind, daß sich weder im bürgerlichen Gesetzbuch, noch im Versicherungsvertragsgesetz spezielle Vorschriften vorfinden, daß dagegen das moderne Recht auf die Rechtsverhältnisse, welche die Stellung der Gläubiger betreffen, die im Zivilrecht allgemein geltenden Normen angewendet hat. Das moderne Recht hat, wie sich aus einem Vergleiche der

[1]) Hellwig, a. a. O. S. 367; Constam, a. a. O. S. 55; König, a. a. O. S. 121; a. A. Endemann Bd. III § 66 Note 23; Petersen-Kleinfeller, a. a. O. Anm. 9 zu § 32.

Rechte der Gläubiger mit dem Rechte des Begünstigten ergibt, den Interessenkonflikt zu Gunsten des **Begünstigten** entschieden. Es hat ihm eine gewisse Sonderstellung eingeräumt. Das moderne Recht steht auf dem Standpunkt, daß die Fürsorge der Hauptzweck der Lebensversicherung sei und daß dieser Zweck überall und ganz aufrecht erhalten und ihm aus sozialpolitischen, wie auch aus sittlichen Gründen die tatkräftigste Unterstützung und Förderung zuteil werden müsse.

Das Recht der Familie hat über das Recht der Gläubiger den Sieg davon getragen.

Ob dies gerecht ist, muß aber erst einer näheren Prüfung unterzogen werden!

§ 25.

Schon manche Stimme hat sich gegen die jetzt herrschende Ansicht erhoben. So ist Stübler der Ansicht[1]), daß die Erhaltung und Förderung der Familienfürsorge überhaupt mehr dem öffentlichen Recht angehöre als dem Privatrecht. Er sagt: „Abgesehen davon, daß die Rücksicht auf die Angehörigen und das Versorgungsinteresse im konkreten Falle gar nicht die Rolle zu spielen braucht und tatsächlich bei weitem auch nicht so sehr spielt, als von den Vertretern dieses Einwandes glauben gemacht wird, dürfte die Sonderbehandlung vor allen nicht im Sinne der modernen Rechtsanschauungen liegen, welche solche sozialpolitische Tendenzen, wie die Erhaltung und Förderung des Familienwohlstandes in erster Linie durch öffentlich-rechtliche Einrichtungen verwirklicht wissen und diese Aufgabe nicht so sehr dem Privatrecht zuweisen will, wo dieselben oft mehr Verwirrung und Unklarheit hervorrufen, als auf der andern Seite ihr Nutzen im Dienst der Äquitas wirkt. Sollte man trotzdem das Privatrecht für berufen erachten zur Durchführung dieser volkswirtschaftlichen Gesichtspunkte, so muß man den befürworteten Weg, bei einem einzelnen Rechtsinstitute, das den Zwecken der Familienversorgung zu dienen vermag, wie der Lebensversicherung, ein Vorzugsrecht der nächsten Angehörigen vor den Erbschaftsgläubigern zu statuieren, für unangemessen halten, dann dürfte nur eine grundstürzende Änderung auf dem Gebiete des Pflicht-

---

[1]) A. a. O. S. 51.

teilsrechts bezw. Noterbrechts am Platz sein. Bei allen auf den Tod aufgeschobenen Zuwendungen treten dieselben Interessen an der Bevorzugung der Angehörigen hervor: „ubi eadem legis ratio, ibi eadem legis dispositio[1])".

Brecher[2]) bezeichnet die Sonderstellung des Begünstigten als ein „Rechtsphänomen", für das man schwerlich im älteren oder im modernen Rechte eine Analogie finde. „Was die herrschende Praxis in Österreich und Deutschland durch ihre Lösung des vorliegenden Interessenkonfliktes geschaffen hat, ist nichts anderes als ein Exekutionsprivilegium rücksichtlich der Versicherungsforderung. Die im Wege eines Vertrages zu Gunsten Dritter übertragene Versicherungsforderung ist gläubigerimmun geworden. Ein solches Recht, Exekutionsprivilegien zu schaffen und Forderungen zu immunisieren, kann aber der Praxis nicht zuerkannt werden. Das ist eine Prärogative der Gesetzgebung, von der dieselbe aus sozialpolitischen Gründen auch schon öfters Gebrauch gemacht hat[3])." „Daß ein Vermögensstück so lange haftet, als der Schuldner lebt, mit dem Tode desselben aber unentgeltlich und unbeschwert in das Vermögen eines andern kommt, während die Gläubiger des bisher Berechtigten leer ausgehen sollen, das läuft allen andern Rechtseinrichtungen so sehr zuwider, daß, selbst das soziale Bedürfnis hierzu vorausgesetzt, die Einführung eines so abnormen Institutes doch lieber dem Gesetzgeber überlassen werden sollte[4])." „Es ist merkwürdig, wie Theorie und Praxis an diesem Sonderrechte so lange festhält[5])."

§ 26.

Gar mannigfaltig sind nun die Mittel und Wege, durch welche man den Gläubigern ihre Stellung verbessern will. Eine große Anzahl von Schriftstellern[6]) will auf die Lebensversicherungsverträge zu Gunsten Dritter auf den Todesfall die Bestimmungen über die Verfügungen von todeswegen angewendet wissen, zum Teil direkt, zum Teil analog, je nachdem sie auf dem Standpunkt stehen, daß

---

[1]) Vergl. auch Heck, im Archiv f. bürgerl. R. S. 89 Bd. IV.

[2]) A. a. O. S. 42.

[3]) Brecher a. a. O. S. 41.

[4]) Brecher a. a. O. S. 42.

[5]) Brecher a. a. O. S. 43.

[6]) Bartetzko, Rammin, Dräger, Stübler, u. a.

die Lebensversicherung auf den Todesfall eine Verfügung von todeswegen ist oder nur eine diesem Institut ähnliche Einrichtung.

Wenn man aber die Bestimmungen über die Verfügungen von todeswegen wirklich anwendet, — auf die angedeuteten Kontroversen wollen wir hier nicht eingehen — so schießt man wieder über das Ziel hinaus, denn diese Bestimmungen sind gänzlich im Interesse der Gläubiger gehalten und führen zu einer allzustarken Bevorzugung derselben.

Unseres Erachtens muß ein Mittelweg gefunden werden. Man muß versuchen, beide Interessensphären in möglichst gerechter Weise in Einklang zu bringen.

Auf der einen Seite muß man bedenken, daß der Konkurs über den Nachlaß des Versicherungsnehmers auch den wirtschaftlichen Ruin seiner Gläubiger bedeuten kann; daß auch diese Frau und Kinder haben, die dadurch vielleicht in Not und Elend geraten! Weiter muß man sich fragen, wer denn die Prämien eigentlich bezahlt, wenn das Vermögen des Versicherungsnehmers überschuldet ist. In Wahrheit tun dies doch die Gläubiger! Aber: nemo liberalis, nisi liberatus! „Es ist zwar schön" — sagt Hoffmann[1]) — „in liebevoller Weise Dritten bei Lebzeiten oder nach dem Tode etwas zuzuwenden; die nächste Pflicht aber bleibt, seine Schulden zu bezahlen. Man soll nicht liebevoll sein auf fremde Kosten". Ähnlich sagt Lord Coleridge: „Großmütig sein auf Kosten der Gerechtigkeit, ist in Wahrheit weder großmütig noch gerecht".

Auf der andern Seite aber darf man trotzalledem den Hauptzweck der Lebensversicherung, die Fürsorge für die Familie, nicht außer acht lassen. Auch wir sind der Ansicht, daß dieser Zweck unbedingt aufrecht erhalten und durchgeführt werden muß.

§ 27.

Auf dem von uns vertretenen Mittelstandpunkte stehen denn auch Ehrenberg und Brecher und sich ihnen anschließend Constam[2]). Sie versuchen sowohl den Interessen der Gläubiger als auch denen der Bezugsberechtigten gerecht zu werden.

Nach Brecher soll es der Versicherungsnehmer in der Hand haben, seine Familie gegenüber seinen Gläubigern zu begünstigen.

[1]) Jur. Wochenbl. 1882, S. 443.

[2]) Ebenso Hülse a. a. O.

„Aber dann muß er es auch wirklich tun und nicht bloß scheinbar, aufrichtig, nicht unaufrichtig. Es genügt nicht, daß er die Police formell auf den Namen seiner Familie schreiben läßt, sich aber bis zu seinem Tode die Disposition über die Versicherungsforderung vorbehält. Denn dadurch ist vorläufig er selbst begünstigt und nicht seine Familie.

Will der Versicherte seine Familie begünstigen, dann übertrage er ihr die Versicherungsforderung sofort und unwiderruflich durch eine Versorgungspolice, die in Österreich und Deutschland ohne weiteres allgemein zulässig ist. Dann hat er seine Familie wirklich begünstigt, und nur seine Familie, nicht sich selbst. Dann haben auch die Gläubiger keine weiteren Rechte, als diejenigen, die ihnen nach den allgemeinen Anfechtungsgesetzen zustehen.

Durch solche Versorgungspolicen wird also der Gedanke der Familienversorgung am vollkommensten realisiert, viel vollkommener als durch die in Österreich und Deutschland derzeit allgemein üblichen Formen der Ablebungsversicherung.

Diese Versorgungspolicen sollten daher in der Praxis eingeführt werden. Dann würden wir es nicht mehr notwendig haben, um ein soziales Bedürfnis zu befriedigen, den allgemeinen Vorschriften des Rechtes und der Billigkeit Zwang anzutun, dann würden wir es nicht mehr nötig haben, die Begünstigten auf Kosten der Gläubiger zu bevorzugen und so auf Kosten der Gerechtigkeit großmütig zu sein[1])."

Auch nach Ehrenberg soll es dem Versicherungsnehmer frei stehen, dem Begünstigsten ein ursprüngliches Recht auf die versicherte Leistung zuzuwenden; dieses muß aber sofort mit Vertragsabschluß oder spätestens bei der Bezeichnung des Begünstigten geschehen. In diesem Falle steht das Recht auf die Leistung ausschließlich dem Begünstigten zu; ebenso der Anspruch auf die Prämienreserve bei vorzeitiger Auflösung des Vertrages (Rückkauf). „Den Gläubigern des Versicherungsnehmers ist, sowie diesem selbst keinerlei Rechte vorbehalten sind, zu seinen Lebzeiten, wie nach seinem Tode der Zugriff auf die versicherte Leistung oder auf die Prämienreserve verwehrt; es steht ihnen lediglich die Anfechtung nach

---

[1]) A. a. O. S. 54/55.

allgemeinen Grundsätzen frei[1])." „Daher ist eine Vereinbarung, wonach ein selbständiger Anspruch des Begünstigten gegen den Versicherer erst mit der Fälligkeit der versicherten Leistung entsteht, bis dahin aber dem Versicherungsnehmer das Widerrufsrecht vorbehalten bleibt, als nichtig zu erklären und der Anspruch auf die versicherte Leistung, sofern nicht eine Abtretung oder Verpfändung unter Lebenden erfolgte, nach dem Ableben des Versicherungsnehmers in dessen Nachlaß einzubeziehen[2])."

„Hat der Versicherungsnehmer seine künftigen Ersparnisse durch den Versicherungsvertrag seinen Gläubigern entzogen, so darf er sie nicht wieder dieser Widmung entfremden und egoistischen Zwecken dienstbar machen[3])."

Während im allgemeinen zur Verschaffung eines derartigen unwiderruflichen Rechtes eine Parteivereinbarung notwendig ist, will Ehrenberg[4]) einem bestimmten Kreis von Angehörigen des Versicherungsnehmers, nämlich dessen Frau und Kindern, soweit sie in der Police genannt sind, dieses den Gläubigern vorgehende Recht von rechtswegen, d. h. ohne daß es einer Parteivereinbarung bedarf, zugestehen. „Es handelt sich hier um ein ganz exzeptionelles Privilegium und der Versicherungsnehmer mag sich bei Vertragsabschluß überlegen, ob er davon Gebrauch machen will oder nicht. Entschließt er sich dazu, von dem seinen Angehörigen aus sozialpolitischen Gründen gewährten Privilegium Gebrauch zu machen, so muß er auch die Nachteile in den Kauf nehmen, die für ihn damit verbunden sind. Er versorgt seine nächsten Angehörigen in einer auf privatrechtlichem Wege und sonst nicht erreichbaren Vollkommenheit und Sicherheit; aber er beraubt sich dadurch der eigenen Freiheit, über seine Ersparnisse nach Willkür zu verfügen, ähnlich, wie wenn er sie an eine staatliche Witwen- und Waisenversorgungsanstalt abführte[5])."

---

[1]) Berliner a. a. O. Nr. 4 S. 286, wo er den Gedankengang Ehrenbergs (a. a. O. S. 404/409) unter Verwendung des Wortlautes der maßgebenden Stellen in seinen Grundzügen wiedergibt.

[2]) Wie vorherige Anmerkung.

[3]) Vgl. Anm. 1 auf vor. Seite.

[4]) I a. a. O. S. 405.

[5]) Ehrenberg I a. a. O. S. 406/407.

Selbstverständlich könne hier nur eine gesetzliche Regelung stattfinden, denn „da der Gesetzgeber nun einmal den nicht unbedenklichen Schritt getan hat, die Verträge zu Gunsten Dritter in jeder von den Parteien beliebten Modalität zu gestatten, so bleibt nichts anders übrig, als in dem künftigen Versicherungsgesetze den Lebensversicherungsvertrag von diesen Vorschriften des bürgerlichen Gesetzbuchs auszunehmen"[1]).

„Durch eine derartige gesetzliche Regelung würde diese Seite des Lebensversicherungsrechtes geklärt und vereinfacht, den Gläubigern des Versicherten würde das Gefühl ungerechter Behandlung fern gehalten werden, und die Herrschaft des Zufalls würde, wenigstens soweit wie er zu Ungunsten der Gläubiger ausschlagen kann, beseitigt sein[2])."

„Die Gläubiger wissen dann genau, woran sie sind. In dem einen Falle wissen sie, daß sie auf Befriedigung aus dem Versicherungsanspruch nicht zu rechnen haben; im anderen Falle dagegen kann ihnen das Recht auf Befriedigung aus dem Versicherungsanspruch in keiner Weise, auch nicht durch den Tod des Versicherten, verkümmert werden[3])."

§ 28.

Gegen diese Ansicht hat nun Berliner[4]) mancherlei Bedenken hervorgerufen. „Es wäre unzweckmäßig, die Erfüllung des Versorgungszweckes der Versicherung davon abhängig zu machen, daß der Versicherungsnehmer sich von allem Anfang an alles Rechtes begibt, über den auf lange Jahre hinaus abgeschlossenen Versicherungsvertrag zu verfügen, und damit auf den wertvollen, vielleicht sogar unersetzlichen wirtschaftlichen Halt verzichtet, den ihm die Police unter Umständen als Sicherstellungsmittel bei Aufnahme eines Kredits zu gewähren vermag. Gerade in der vielseitigen wirtschaftlichen Zweckbestimmung der Lebensversicherung liegt eine wichtige Wurzel der außerordentlichen Werbekraft und damit des Gedeihens dieser Institution und es wäre daher der unbedingte Ausschluß aller zu Versorgungszwecken abgeschlossenen Versicherungsverträge aus dem Kreditverkehr schon an sich als eine wenig erfreuliche Begleiter-

---

[1]) Ehrenberg I a. a. O. S. 407.
[2]) Ehrenberg I a. a. O. S. 409.
[3]) Ehrenberg I a. a. O. S. 410.
[4]) A. a. O. Nr. 4 S. 291.

scheinung der zum Schutze der Gläubiger vorgeschlagenen gesetzlichen Maßnahmen anzusehen.

Dieser Übelstand tritt in seiner ganzen Schärfe zu Tage, wenn man sich — was in der Praxis kaum haltbar wäre — die Unantastbarkeit der Versorgungspolicen, der in der Theorie erhobenen Forderung entsprechend, konsequent durchgeführt denkt. Der Anspruch aus einer derartigen Versicherung müßte, ebenso wie etwa die Ansprüche gegen staatliche Witwen- und Waisenversorgungsklassen, jeder Verfügung des Versicherungsnehmers, auch wenn sie im Einverständnis mit dem Begünstigten erfolgt, gänzlich entrückt sein; nicht nur Verpfändung oder Abtretung des Anspruches an dritte Personen wären auszuschließen, sondern auch der Rückkauf oder die Belehnung der Police durch den Versicherer (allenfalls mit Ausnahme der lediglich zur Fortsetzung der Prämienzahlungen zu erteilenden Darlehen).

Damit wäre aber zugleich dem Versorgungszwecke schlecht entsprochen und man könnte es nur begreiflich finden, wenn jedermann Bedenken trüge, seine Ersparnisse zur Sicherstellung seiner Hinterbliebenen in so unantastbarer Weise zu widmen, daß er samt den zu versorgenden Angehörigen zu Grunde gehen könnte, ohne diesen Notpfennig zu seiner Rettung heranziehen zu dürfen.

Die vorgeschlagene grundsätzliche Scheidung privilegierter und nicht privilegierter Versicherungsverträge würde somit, wenn sie konsequent durchgeführt wird, unverhältnismäßige Nachteile für die Entwickelung der Lebensversicherung mit sich bringen oder — in abgeschwächter Form zugelassen — die Gefahr der Mißbräuche, die sie abzustellen berufen ist, eher erhöhen als beseitigen".

Auch wir können uns dieser Bedenken nicht verschließen. U. E. kommt sogar noch folgendes hinzu: Wie Berliner in den soeben angeführten Worten darauf hingewiesen hat, ist der Lebensversicherungsvertrag in der Regel ein auf längere Dauer angelegtes Rechtsverhältnis zwischen Versicherungsnehmer und Versicherer. Die Gründe, welche den ersteren zum Abschluß der Versicherung zu Gunsten Dritter veranlaßt haben, können sich ändern. Man denke an den Fall, daß sich der Begünstigte dem Versicherungsnehmer gegenüber herz- und lieblos erweist, indem er diesen, der durch einen unglücklichen Zufall erwerbsunfähig geworden ist, nicht unterstützt und ihn der Not und dem Elend preisgibt. Trotz dieser groben Undankbarkeit steht dem Begünstigten das Recht auf die Lebensversicherungssumme zu; der Versicherungsnehmer hat keinen Anspruch mehr darauf, er kann die Summe nicht mehr als eigenen Notpfennig benutzen.

§ 29.

Nach alledem muß u. E. daran festgehalten werden, daß dem Versicherungsnehmer bis zu seinem Tode in der Regel die freie Verfügungsgewalt über die Lebensversicherungssumme verbleibt und dem Begünstigten nur eine bloße Anwartschaft zusteht. Es ist ein in der Natur der Lebensversicherung begründetes Bedürfnis, daß dem Versicherungsnehmer die Möglichkeit offen gehalten wird, die Versicherung jederzeit noch aufheben oder ändern zu können.

Von diesem zum Durchbruch gelangten grundsätzlichen Standpunkte darf nicht wieder abgegangen werden. Solange der Versicherungsnehmer lebt, sind ja auch die Gläubiger genügend geschützt. Der Schwerpunkt des ganzen Interessenkonfliktes liegt in der Regelung der Rechtsverhältnisse im Zeitpunkt des Todes des Versicherungsnehmers.

Jetzt tritt das Unglaubliche ein, das „Rechtsphänomen", nämlich daß ein Vermögensobjekt, welches den Gläubigern, solange der Schuldner lebt, gehaftet hat, mit dem Tode desselben unentgeltlich und unbeschwert in das Vermögen des Begünstigten gelangt, und daß die Gläubiger das Nachsehen haben.

Hier liegt die große Ungerechtigkeit den Gläubigern gegenüber. Denn „es ist ein Fundamentalsatz unseres Rechtes und eine Fundamentalforderung der Gerechtigkeit, daß diejenigen Privatrechte, welche der Schuldner frei veräußern kann, auch von seinen Gläubigern zur Befriedigung benutzt werden dürfen[1])".

Der Gesetzgeber muß also einerseits darauf achten, daß den Gläubigern des Versicherungsnehmers ein Zugriffsrecht an der Versicherungssumme gewährt wird, andererseits aber, daß darunter der Fürsorgezweck nicht leidet und illusorisch gemacht wird.

Von diesen Erwägungen geleitet müßte daher die Bestimmung auf eine Einschränkung des Rechtes des Dritten auf die Versicherungssumme gehen. Bis zu einer gewissen Höhe muß diese exekutionsfrei sein — damit wäre dem Fürsorgezweck Rechnung getragen —; der über diese Höhe gehende Betrag dagegen muß dem

---

[1]) Ehrenberg I a. a. O. S. 403.

Zugriffsrecht der Gläubiger ausgehändigt werden. Die gerechte und zweckmäßige Abgrenzung der Höhe des exekutionsfreien Vermögens würde allerdings eine sehr schwierige und heikle Frage sein. In vielen Fällen ist die Versicherungssumme nur ein Notpfennig, um den Hinterbliebenen über die ersten Sorgen hinwegzuhelfen. Hier kann natürlich von einer Beschränkung nicht die Rede sein, denn sonst würde man dem Fürsorgezweck nicht gerecht. In vielen Fällen dagegen ist die Lebensversicherungssumme nicht nur Notpfennig und hier muß eine Einschränkung zu Gunsten der Gläubiger erfolgen.

Die zu treffende gesetzliche Bestimmung müßte daher dahin gehen, daß die Versicherungssumme, soweit sie für den Begünstigten zum angemessenen, d. h. seiner Bildung und seiner Erziehung entsprechenden weiteren Fortkommen unbedingt notwendig ist, exekutionsfrei bleibt, im übrigen aber dem Zugriff der Gläubiger ausgesetzt ist.